HISTORIAS DE MÚSICA Y VIDA

Redbook

Olga Suanya

HISTORIAS DE MÚSICA Y VIDA

© 2021, Olga Suanya Sag

© 2021, Redbook ediciones

Diseño de cubierta e interior: Regina Richling

Fotografías: Wikimedia Commons / Archivo APG

ISBN: 978-84-18703-03-4

Depósito legal: B-5.534-2021

Impreso por Sagrafic, Passatge Carsi 6, 08025 Barcelona

Impreso en España - *Printed in Spain*

I can still hear the sounds of those Methodist bells
I'd taken the cure and had just gotten through
Stayin' up for days in the Chelsea Hotel
Writin' «Sad-Eyed Lady of the Lowlands» for you.
«Sara», Bob Dylan

I remember you well in the Chelsea Hotel
You were talkin' so brave and so sweet
«Chelsea Hotel Nº2», Leonard Cohen

Índice

Prólogo 12

1. «The Lonesome Death of Hattie Carrol» de Bob Dylan y William Zantzinger 14

2. «Radio Ga Ga» de Queen y Nikola Tesla 16

3. «My Sharona» de The Knack y Pulp Fiction 18

4. «Ma Baker» de Boney M y Kate Barker 20

5. «A Day in the Life» de The Beatles y Tara Browne 22

6. «We shall Overcome» de Bruce Springsteen y Lindon B. Johnson 24

7. «Smells Like Teen Spirit» de Nirvana y William Colgate 26

8. «I don't like Mondays» de The Boomtown Rats y un tiroteo en una escuela de Cleveland 28

9. «Sunday Bloody Sunday» de U2 y una manifestación en Derry 30

10. «American Pie» de Don McLean y el día que la música murió 32

11. «They Dance Alone» de Sting y el Informe Rettig 34

12. «Don't Get Me Wrong» de The Pretenders y John McEnroe 36

13. «The Ghost of Tom Joad» de Bruce Springsteen y John Steinbeck 38

14. «My Way» de Frank Sinatra y Mijaíl Gorbachov 40

15. «Go West» de Pet Shop Boys y Johann Pachelbel 42

16. «Wind of Change» de Scorpions y el telón de acero 44

17. «Space Oddity» de David Bowie y Stanley Kubrick 46

18. «People Get Ready» de Curtis Mayfield y Harriet Tubman 48

19. «Knockin' on Heaven's Door» de Bob Dylan y la masacre de Dunblane 50

20. «Two Minutes to Midnight» de Iron Maiden y Martyl Langsdorf 52

21. «Bohemian Rhapsdy» de Queen y Chico Marx 54

22. «Common People» de Pulp y Yanis Varoufakis 56

23. «My Generation» de The Who y la Reina Madre de Inglaterra 58

24. «Brothers in Arms» de Dire Straits y la Guerra de las Malvinas 60

25. «Love Me Tender» de Elvis Presley y la Guerra Civil Americana 62

26. «Sweet Virgina» de The Rolling Stones y el hundimiento del *Titanic* 64

27. «Sweet Caroline» de Neil Diamond y el atentado en la maratón de Boston 66

28. «You'll Never Walk Alone» de Gerry and the Pacemakers y el musical *Carousel* 68

29. «Me and Bobby McGee» de Janis Joplin y *La Strada* de Fellini — 70

30. «The Foggy Dew» de Sinéad O'Connor & The Chieftains y el Easter Uprising irlandés — 72

31. «Rehab» de Any Winehouse y la clínica The Causeway Retreat — 74

32. «Hotel California» de The Eagles y Anton Szandor LaVey — 76

33. «Personal Jesus» de Depeche Mode y la boda de Elvis Presley — 78

34. «Ohio» de Crosby, Stills, Nash & Young y una masacre en la Universidad de Kent — 80

35. «Hurricane» de Bob Dylan y el boxeador Rubin Carter — 82

36. «Sailing to Philadelphia» de Mark Knopfler y Thomas Ruggles Pynchon — 84

37. «Man on the Moon» de R.E.M. y el humorista Andy Kaufman — 86

38. «It's a Hard Life» de Queen y la ópera *Pagliacci* — 88

39. «Don't Look Back in Anger» de Oasis y el atentado en el Manchester Arena — 90

40. «Don't Give Up» de Peter Gabriel & Kate Bush y Dorothea Lange — 92

41. «Every Breath You Take» de The Police e Ian Fleming — 94

42. «Material Girl» de Madonna y Howard Hawks — 96

43. «The Greatest Love of All» de Whitney Houston y Muhammad Ali — 98

44. «Take this Waltz» de Leonard Cohen y Federico García Lorca — 100

45. «YMCA» de Village People y la Young Men's Christian Association — 102

46. «Killing in the name» de Rage Against The Machine y el monje budista Thich Quang Duc — 104

47. «Angie» de The Rolling Stones y la modelo Anita Pallenberg — 106

48 «Blue Suede Shoes» de Elvis Presley y el Cuerpo Aéreo del Ejército de los EE.UU. — 108

49. «This Land is Your Land» de Woody Guthrie y el Día de la Independencia de los EE.UU. — 110

50. «Shallow» de Lady Gaga y Bradley Cooper y el director George Cukor — 112

51. «Redemption Song» de Bob Marley y la organización panafricanista UNIA — 114

52. «Walk on the Wild Side» de Lou Reed y Barbara Stanwyck — 116

53. «Otherside» de Red Hot Chilli Peppers y Robert Wiene — 118

54. «Fly me to the Moon» de Frank Sinatra y la llegada del hombre a la Luna — 120

55. «For Whom the Bell Tolls» de Metallica y Ernest Hemingway — 122

56. «Happy Hour» de The Housemartins y *The Saturday Evening Post* — 124

57. «Enola Gay» de OMD y la bomba atómica sobre Hiroshima — 126

58. «Strange Fruit» de Billie Holiday y el linchamiento de unos adolescentes afroamericanos — 128

59. «Helter Skelter» de The Beatles» y el asesinato de Sharon Tate   130

60. «November Rain» de Guns N' Roses y el estadio El Campín   132

61. «Crossroads» de Cream y Robert Johnson   134

62. «Hey Joe» de Jimi Hendrix Experience y el Festival de Woodstock   136

63. «Chelsea Hotel Nº2» y el arquitecto Philip Gengembre Hubert   138

64. «Polly» de Nirvana y el secuestro de Natascha Kampusch   140

65. «Four Seasons in One Day» de Crowded House y la ciudad de Melbourne   142

66. «Vera» de Pink Floyd y el Acta de Rendición del Japón en la Segunda Guerra Mundial   144

67. «Blackbird» de The Beatles y los hechos de Little Rock Nine   146

68. «Wonderful Tonight» de Eric Clapton y la primera Buddy Holly Week   148

69. «Livin' on a Prayer» de Bon Jovi y los New England Patriots   150

70. «The Rising» de Bruce Springsteen y los atentados del 11S   152

71. «Psycho Killer» de Talking Heads y el actor Anthony Perkins   154

72. «Kashmir» de Led Zeppelin y el explorador Friedrich Konrad   156

73. «Proud Mary» de Creedence Clearwater Revival y la serie *Maverick*   158

74. «Free Bird» de Lynyrd Skynyrd y las Harley Davidson   160

75. «Lady Madonna» de The Beatles y la revista *National Geographic*   162

76. «Ramble On» de Led Zeppelin y J.R.R. Tolkien   164

77. «West End Girls» de Pet Shop Boys y T.S.Eliot   166

78. «Midnight Special» De The Creedence Clearwater Revival y Arthur Sullivant Hoffman   168

79. «Everyday is Like Sunday» de Morrisey y Stanley Kramer   170

80. «Highway to Hell» de AC/DC y el General Noriega   172

81. «Lover, lover, lover» de Leonard Cohen y la Guerra del Yom Kippur   174

82. «Silver and Gold» de U2 y el reverendo Jesse Jackson   176

83. «Mrs. Robinson» de Simon & Garfunkel y Eleanor Roosevelt   178

84. «Sgt. Pepper's Lonely Hearts Club Band» de The Beatles y una emisora de radio de Detroit   180

85. «A Hard Rain's A-Gonna Fall» de Bob Dylan y los misiles de Cuba   182

86. «Respect» de Aretha Franklin y el saludo de los Black Power   184

87. «Losing My Religion» de R.E.M. y Gabriel García Márquez   186

88. «Nobody Knows You When You're Down and Out» de Eric Clapton y el crack de Nueva York   188

89. «There's a Light That Never Goes Out» de The Smiths y *Rebelde sin causa*   190

90. «Breakfast in America» de Supertramp y Kate Murtagh   192

91. «London Calling» de The Clash y la BBC   194

92. «Killing an Arab» de The Cure y Albert Camus   196

93. «Run Like Hell» de Pink Floyd y la Noche de los Cristales Rotos   198

94. «Wild Horses» de The Rolling Stones y el bandolero Ned Kelly   200

95. «Folsom Prison Blues» de Johnny Cash y Crane Wilbur   202

96. «Here Comes the Sun» de The Beatles y el astronauta Alan Shepard   204

97. «Stairway to Heaven» de Led Zeppelin y el escritor Lewis Spence   206

98. «One» de U2 y Rosa Parks   208

99. «Waterloo» de ABBA y Napoleón Bonaparte   210

100. «Smoke on The Water» de Deep Purple y el incendio del Casino de Montreaux   212

101. «You Could Be Mine» de Guns N' Roses y *Terminator 2: el juicio final*   214

102. «I'm Outta Time» de Oasis y el asesinato de John Lennon   216

103. «Born Alone» de Wilco y la poeta Emily Dickinson   218

104. «Chiquitita» de ABBA y la UNICEF   220

105. «September» de Earth, Wind and Fire y el escritor Og Mandino   222

106. «Whisky in The Jar» de Thin Lizzy y Oliver Cromwell   224

107. «Amazing Grace» de Mahalia Jackson y John Newton   226

108. «Fortunate Son» de Creedence Clearwater Revival y la boda entre David Eisenhower y Julie Nixon 228

109. «All Together Now» de The Farm y la Tregua de Navidad   230

110. «Across the Universe» de The Beatles y un tsunami en el Índico   232

Playlist Spotify   234

Prólogo

¿Qué relación existe entre «Bohemian Rapshody» de Queen y los hermanos Marx? ¿A quién dedicó The Pretenders su éxito «Don't Get Me Wrong» ¿Qué conecta «Blackbird» de The Beatles con los hechos de Little Rock Nine?

Estas son algunas de las preguntas a las que el lector encontrará respuesta en las páginas del libro que tiene entre sus manos. El centenar de historias que se recogen en este volumen son una selección de las 366 publicadas en chelseahotel.blog, una web que cada día del año recuerda una efeméride, una canción y la historia que las conecta. Las efemérides sirven de excusa para evocar un momento de nuestro pasado colectivo. Las canciones apelan a nuestros sentimientos a través de piezas que forman parte de la banda sonora de nuestra vida. Y las historias que las unen nos ofrecen una colección de breves relatos en los que la música se convierte en el hilo conductor de un recorrido por hechos históricos, personajes destacados, libros, películas u otros conceptos culturales.

El proyecto Chelsea Hotel empezó en su formato digital el 1 de enero de 2020. Y aunque inicialmente estaba concebido para terminar el 31 de diciembre tras un año de actividad diaria, la buena acogida que tuvo lo ha hecho evolucionar hacia nuevos formatos. En enero de 2021, se convirtió en un podcast semanal que se emite en RAC+1, la plataforma de contenidos de la emisora de radio RAC1. Y con la publicación de este libro ahora se estrena en formato físico concebido como proyecto editorial.

¿Y por qué Chelsea Hotel? Pues porque si los hoteles son los espacios que más secretos guardan, seguramente el Chelsea Hotel de Nueva York debe ser uno de los que más historias podría contar.

Situado en el centro del antiguo distrito del teatro, este inmenso edificio de ladrillos rojos se convirtió en todo un referente de la vida artística y cultural neoyorquina en la década de los sesenta y setenta. Andy Warhol, Arthur Miller, David Bowie, Tenesse Williams, Jackson Pollock, Keith Richards, Humphrey Bogart, John Lennon o Edith Piaf son solo algunos de los huéspedes célebres que se alojaron en él. Entre sus paredes escribían, componían y creaban en un ambiente bohemio donde no faltaban las drogas y el alcohol. Algunos de ellos se instalaban en el Chelsea unos días. Otros, semanas enteras. E incluso hubo quienes vivieron en el hotel durante años.

Allí fue donde Bob Dylan, además de componer «Sad Eyed Lady of the Lowlands», tomó su apellido artístico. Lo hizo inspirándose en el escritor Dylan Thomas, que vivió en el Chelsea Hotel una larga temporada y que ahí acabó muriendo alcoholizado. En una de sus habitaciones sir Arthur C. Clarke escribió *2001: Una odisea del espacio*. En otra, Nancy Spungen, la novia de Sid Vicious, líder de los Sex Pistols, fue brutalmente apuñalada. Las paredes del hotel fueron también testigo de la noche de sexo que tuvieron Leonard Cohen y Janis Joplin, y que el autor canadiense inmortalizó en la canción «Chelsea Hotel Nº2». Y encerrados en una de sus habitaciones Jim Morrison y la alemana Nico, cantante de la Velvet Underground, vivieron largas noches de pasión.

No todas las canciones y las historias que el lector encontrará en las siguientes páginas tienen una vinculación directa con el hotel que inspira el título de este libro. Pero si ahondásemos en los detalles de cada una de ellas seguramente nos podrían llevar hasta alguna de sus habitaciones. Por ahora le invitamos a que disfrute del recorrido por la música y la historia que propone esta selección de canciones y entre las que quizás descubra conexiones que pueden dar un nuevo sentido a piezas que ocupan un lugar especial en la banda sonora de su vida.

THE LONESOME DEATH OF HATTIE CARROLL
Bob Dylan

Muere William Zantzinger
(3 de enero de 2009)

La medianoche del 9 de febrero de 1963 un hombre blanco vestido con frac y sombrero de ala ancha entró en el bar del prestigioso Hotel Emerson de Baltimore. Iba bebido y de malas maneras pidió un bourbon. La camarera, una mujer negra de mediana edad, atendía otro cliente en ese momento, así que le dijo que se esperara un segundo que enseguida estaría con él. El hombre no recibió nada bien la respuesta y entró en cólera, primero gritándole con insultos racistas y después golpeándola brutalmente con el bastón que llevaba en la mano. A raíz de los golpes, la mujer murió de una hemorragia interna al cabo de ocho horas.

Según recogió la prensa local, el asesino se llamaba William Devereux Zantzinger y era hijo de un adinerado plantador de tabaco de Maryland. La víctima, Hattie Carroll era madre de once hijos y presidenta de una asociación afroamericana. La crónica detallaba que los abogados de Zantzinger habían argumentado que Carroll no había muerto a causa de la paliza, sino por un accidente cardiovascular provocado por el estrés que le había generado el ataque. Y destacaba también que el juez había dictaminado que se trataba de un homicidio involuntario y que se establecía la condena en seis meses de prisión y una multa de 125 dólares.

Bob Dylan tenía 22 años cuando leyó en el periódico este caso y le pareció tan impresionante que el castigo por matar a alguien a golpes fuera tan irrisorio que decidió contarlo en una canción. Influido por el estilo de narrador de historias que tanto le atraía de los maestros del folk como Woody Guthrie y Pete Seeger, escribió una letra que recreaba un asesinato racista, narrando los últimos instantes de la vida de Hattie Carroll en un tema al que puso su nombre: «The Lonesome Death of Hattie Carroll». La versión final quedó recogida en el álbum *The Times They Are A-Changin'* que Dylan publicó en 1964.

La canción contiene algunas inexactitudes, como el nombre del mismo Zantzinger (Dylan escribió 'Zanzinger') o el número de hijos de Carroll (en el tema se dice que eran diez). En algunos entornos también se le criticó que no recogiera que la mujer murió bastante después de la paliza o que exagerara el uso de influencias políticas utilizadas por la defensa para evitar una condena mayor. La respuesta del músico a todos estos comentarios fue tan clara como irónica: «Esta es una historia real... Está sacada de los periódicos».

RADIO GA GA
Queen

Muere el científico Nikola Tesla
(7 de enero de 1943)

Nikola Tesla fue un científico conocido por sus descubrimientos en el campo del electromagnetismo. Desde finales del S.XIX se disputa el reconocimiento de la invención de la radio con Guglielmo Marconi, que fue quien presentó la patente en 1904. Tesla había inventado nueve años antes un sistema para transmitir audios de voz sin hilos, pero el italiano fue más rápido y, utilizando el sistema de su colega, inició las comunicaciones sin cable: primero enviando un mensaje entre Dover (Inglaterra) y Boulogne (Francia) y, al cabo de poco tiempo, haciendo una transmisión que cruzaba el océano Atlántico.

Durante la primera década del S.XX aquel invento de doble paternidad tuvo una evolución muy destacada, que culminó a finales de 1906 con la primera retransmisión radiofónica de la historia. Era Nochebuena y desde la Brant Rock Station de Massachusetts se emitió la canción «Oh Holy Night» acompañando unos versos de la Biblia que se pudo escuchar desde distintas flotas de buques en alta mar. Cuatro años más tarde, con la aparición de las radios de galena y los primeros aparatos receptores domésticos, empezaron las transmisiones regulares de programas que, con la llegada de la frecuencia modulada en los años cuarenta, supuso la época dorada de la radio.

Inspirándose en estos años donde los transistores eran la puerta de entrada de muchos ciudadanos a todo un mundo de entretenimiento, Roger Taylor escribió «Radio Ga Ga». Lo hizo en 1984 después de ver un programa musical en la televisión y tomar consciencia de que la mayoría de los adolescentes ya no escuchaban la radio. Las emisoras reproducían las mismas canciones continuamente sin apor-

tar ningún valor aña-
dido, mientras que la
creatividad de los vi-
deoclips y la vistosidad
de las actuaciones que
ofrecían canales como
la MTV proporciona-
ban una oferta contra la
que el invento de Tesla
y Marconi tenía compli-
cado competir. En un
inicio, el batería de Queen pensó en titular la canción 'Radio Ca-Ca', una expresión que había oído a su hijo pequeño. Pero finalmente quedó como «Radio Ga
Ga». Parece ser que la connotación escatológica que la construcción tomaba en
idiomas como el español habría sido el motivo de dicha decisión.

Queen lanzó el tema como un sencillo del disco *The Works* y en poco tiempo
se convirtió en una de las piezas clave de sus directos. La armonización que con-
seguían entre los coros de la canción y los dos aplausos que después de cada
una de las frases del estribillo Freddie Mercury invitaba a hacer al público era
uno de los momentos más esperados de los conciertos del cuarteto londinense.
Esta compenetración llegó al máximo nivel en julio de 1985 en la actuación que
Queen hizo en el concierto Live Aid de Wembley y que algunos expertos consideran como uno de los mejores espectáculos musicales de la historia.

Hit indiscutible de los años ochenta, su influencia ha llegado hasta nuestros
días, incidiendo en público y músicos. Es el caso por ejemplo de la cantante Lady
Gaga, de quien se dice que cogió su nombre artístico de esta canción. Siempre
había sido una gran admiradora de Freddie Mercury y su productor Rob Fusari
explica que cuando la saludaba ella solía responder cantando el estribillo de «Radio Ga Ga». Lo hacía tan a menudo, que acabó llamándola 'Lady Gaga' y, no
se sabe si por iniciativa de uno o del otro, en 2007 la artista dejó de ser Stefani
Germanotta para convertirse en Lady Gaga.

Olga Suanya

MY SHARONA
The Knack

Se estrena *Pulp Fiction*, de Quentin Tarantino
(13 de enero de 1995)

A mediados de 1994, Quentin Tarantino se encontraba trabajando en la banda sonora de Pulp Fiction, *la película que se estrenaría al cabo de unos meses y que consagraría al director norteamericano. Tarantino tenía pensado utilizar «My Sharona» para la escena en que Marsellus Wallace es vejado por dos psicópatas. Pero cuando quiso incorporarla, se encontró con que Ben Stiller también había pedido los derechos del tema para* Bocados de realidad (Reality Bites). *Ante la dicotomía que aquella canción acabara poniendo la música al duro y angustiante pasaje del sótano de la casa de empeños o a la alegre escena de cuatro jóvenes bailando en una gasolinera, Fieger dudó un instante. Así que Tarantino tuvo que buscar un tema sustituto. El elegido fue «Comanche», una canción de The Revels que para siempre ha quedado asociada a este momento de la película.*

En invierno de 1979, Berton Averre y Dough Fieger estaban en plena composición de lo que sería su gran éxito con The Knack. Trabajaban sobre la base de un *riff* que había compuesto Averre hacía tiempo y que a Fieger le había encantado, pero no acababan de encontrar la inspiración que les ayudara a convertir aquella frase rítmica en una canción.

Pero de pronto aquella situación se desencalló. Fue cuando Fieger entró en una tienda de ropa de Los Ángeles y se fijó en la dependienta que le atendió. Era bastante más joven que él, pero se enamoró al instante. Durante días estuvo

buscando cualquier excusa para entrar en aquel comercio y volver a verla. Con el tiempo supo que se llamaba Sharona Alperin y que ya tenía novio, pero ello no impidió que Fieger decidiera concentrar todos sus esfuerzos en intentar seducirla. En un primer momento no lo consiguió, pero sí que establecieron cierta relación y, de vez en cuando, ella se acercaba a los ensayos de la banda.

El músico no se quitaba de la cabeza ni a la chica ni aquel *riff* y pronto entendió el mensaje: tenía que unirlos en una canción. Así que una tarde The Knack se encerraron en el estudio para trabajar la estructura y la melodía de lo que sería su gran single y que no se podía llamar de ninguna otra manera que «My Sharona».

La joven dependienta no tenía ni idea que el grupo hubiera compuesto una canción con su nombre pero no tardaría en descubrirlo. Un día que fue a visitarlos al local de ensayo, los músicos decidieron tocarla para ella. Sharona Alperin quedó tan impresionada que finalmente cedió al flirteo de Fieger y acabó convirtiéndose en su novia. Y cuando unos meses más tarde la banda editó el tema, incluso accedió a fotografiarse para la foto de portada sosteniendo el álbum *Get The Knack* en el que se había incluido la canción unos meses antes.

MA BAKER
Boney M

La criminal Kate Barker muere tiroteada por el FBI
(16 de enero de 1935)

Arizona Donnie Clark nació en Missouri en 1873. Con 19 años se casó con George Barker, con quien tuvo cuatro hijos: Herman, Lloyd, Arthur y Fred. El marido se fue de casa al poco tiempo y ella, convertida en Kate Barker tuvo que criarlos sola con los escasos recursos de que disponía. El poco interés que tenían por los estudios y los entornos conflictivos que frecuentaban, pronto convirtieron a los chicos en delincuentes juveniles y a su madre en asidua a las comisarías. Con el tiempo, los delitos y la fama de todos ellos fue creciendo. Los chicos se convirtieron en uno de los grupos más buscados por los federales y la matriarca del clan, a la que todos se referían como Ma Barker, en toda una celebridad de la historia criminal de los años treinta.

En 1977 Boney M arrasaba en las pistas de baile con su pegadizo «Ma Baker». La música estaba inspirada en una canción folklórica de Túnez conocida como «Sidi Mansur» que el asistente del productor y voz a la sombra de la banda Hans-Jörg Mayer había oído durante unas vacaciones. La letra en cambio se refería a la legendaria criminal de la década de los años treinta, Kate 'Ma' Barker. Con esta canción la banda empezaba una extraña afición por hacer bailables las historias de personajes oscuros y delincuentes de distintas épocas y nacionalidades, y que seguiría con éxitos como «Rasputin» o «El Lute».

Ma Barker (Boney M decidió quitar la 'r' del apellido porque les pareció que Baker sonaba mejor) sembró el pánico en la zona del Medio Oeste de Estados Unidos en los años treinta. El interés que despertaron entre la prensa figuras criminales de la época como Bonnie & Clyde, John Dillinger o la misma Ma Barker con la banda que formaba con sus hijos, hizo que este periodo se conociera como la 'Era de los Enemigos Públicos'.

Cometían robos, secuestros, atracos y extorsiones. El papel que la madre, conocida ya por todos como Ma Barker, tuvo en todas estas actividades delictivas no ha quedado nunca claro. Era evidente que estaba al corriente y que colaboraba con ellos, pero la imagen de líder y planificadora que tuvo entre la opinión pública no ha sido nunca demostrada.

El mito de Ma Barker acabó convirtiéndose en leyenda de la historia criminal el 16 de enero de 1935. Fue en una persecución policial, en que ella y su hijo Fred fueron acorralados por el FBI en una cabaña, en la orilla del lago Weir, en Florida. Los agentes rodearon la casa y empezaron un tiroteo que duró cuatro horas y en el que se dispararon más de dos mil balas. Como consecuencia de este fuego cruzado, la matriarca de la banda murió por el impacto de los disparos. En el sumario policial se recogió que «Ma' Barker había caído con una metralleta en las manos».

Aparte de inspirar la canción de Boney M, su figura forma parte de la cultura popular americana. Su historia se identifica en películas como *El secuestro de Miss Blandish* del director Robert Aldrich, o *Mamá sangrienta*, donde un joven Robert de Niro interpreta el papel de su hijo Lloyd. En un tono más amable, se la puede reconocer también en la madre de los Fratelli, los gánsteres chapuceros de *Los Goonies*; en Ma Dalton la progenitora de los eternos enemigos de *Lucky Luke*; o incluso en Ma Beagle la madre de los perseguidores de Tío Gilito en las historias de *Pato Donald*.

Olga Suanya

A DAY IN THE LIFE
The Beatles

El *Daily Mail* publica las investigaciones sobre la muerte de Tara Browne
(17 de enero de 1967)

Tara Browne era un joven aristócrata de la flor y nata británica. Hijo de un miembro de la Cámara de los Lores y de la heredera de la fortuna Guiness, perdió la vida en un accidente de coche mientras conducía a toda velocidad su Lotus Elan descapotable por South Kensington. Cuando llegó al cruce entre Reddcliffe Square y Redcliffe Gardens no vio el cambio de semáforo y, tratando de esquivar un coche, terminó chocando contra una furgoneta. Su novia, que iba en el asiento del copiloto, salvó la vida pero él murió al día siguiente a causa de las heridas del trompazo.

El 17 de enero de 1967, justo un mes después del accidente, el *Daily Mail* publicó un artículo sobre las investigaciones de este suceso. En la página opuesta había un breve de información local que denunciaba que en las calles de Blackburn, en el condado de Lancashire, había 4.000 agujeros en el asfalto pendientes de cubrir.

Estas dos noticias desconectadas entre sí captaron la atención de John Lennon cuando aquella mañana leyó el diario y le inspiraron parte de la letra de «A Day In The Life» que compuso con Paul McCartney. La historia quedó algo críptica, llena de dobles sentidos y provocaciones que generaron cierta polémica en la época. La BBC incluso llegó a prohibir su difusión por expresiones que contenía como «I'd love to turn you on» («me encantaría excitarte») que, además de la connotación sexual, se interpretaba que hacía referencia al consumo de drogas. Otro verso que a la radio británica también le pareció que iba demasiado lejos era el que decía «found my way upstairs and had a smoke and somebody spoke and I went into a dream» («encontré el camino de subida de las escaleras y me puse a fumar y alguien habló y caí en un sueño»).

La canción se grabó al cabo de un par de días combinando las dos secciones escritas por Lennon y McCartney con una parte interpretada por una orquesta. A la grabación asistieron algunos invitados como Mick Jagger y Keith Richards, Marianne Faithfull, Donovan, Pattie Boyd o Michael Nesmith.

«A day in the life» se incluyó en el *Sgt. Pepper s Lonely Hearts Club Band* y ha acabado considerándose como una de las obras maestras de la banda de Liverpool, así como uno de los mejores temas de la historia.

WE SHALL OVERCOME
Bruce Springsteen

El presidente americano Lindon B. Johnson muere de un ataque al corazón
(22 de enero de 1973)

En marzo de 1965, en pleno auge del Movimiento por los Derechos Civiles, miles de americanos participaron en las protestas que se conocen como las 'Marchas de Selma a Montgomery'. Los activistas recorrieron los 87 kilómetros de autopista que separan estas dos ciudades de Alabama (un estado donde el racismo entonces aún tenía mucha presencia) para reclamar la igualdad entre todos los ciudadanos del país. Aunque desde 1964 la legislación reconocía el derecho de sufragio universal y prohibía expresamente la segregación racial, las autoridades estatales (en manos de la comunidad blanca) continuaban impi-

diendo su aplicación. Como respuesta a esta situación se organizaron estas manifestaciones pacíficas, el impacto de las cuales cambió para siempre la historia de los Derechos Civiles de los Estados Unidos. La fuerza desmedida utilizada por la policía para contener las marchas consternó a los millones de americanos que vieron por televisión la dureza con la que los antidisturbios reprimían a los manifestantes. Este hecho desencadenó un movimiento masivo de apoyo a la causa de la igualdad racial por parte de diferentes colectivos y figuras públicas, que culminó con una concentración histórica ante el Capitolio encabezada por Martin Luther King. Pocos días más tarde, el presidente Lindon B. Johnson presentó en el Congreso el Acta de los Derechos de los Votantes con un legendario discurso que terminó con la frase «we shall overcome» («venceremos»).

Olga Suanya

La expresión con la que el jefe de la Casa Blanca cerró su intervención se convirtió, y hoy sigue siéndolo todavía, en un himno del Movimiento por los Derechos Civiles. Las estrofas provienen del título de una pieza de góspel compuesta por el Reverendo Charles Albert Tindley a principios del S.XX y que poco a poco se fue incorporando al repertorio de diferentes congregaciones de estados de la costa este. En 1946 una mujer llamada Lucille Simmons la cantó como tema de protesta en una huelga de las trabajadoras -todas ellas afroamericanas- de la American Tobacco Company. La fuerza de aquella interpretación de «We Shall Overcome» emocionó a muchas de las personas presentes en aquella convocatoria. Entre ellas estaba la mujer de Guy Hughes Carawan, uno de los fundadores de la escuela Highlander Folk School, y que rápidamente la hizo llegar a su marido. Él fue quien se la enseñó a los líderes de la lucha por los derechos civiles y la convirtió en la canción de protesta de referencia del momento de las décadas posteriores.

La canción fue versionada por numerosos músicos a lo largo de los años sesenta, pero seguramente los dos artistas que más la popularizaron fueron los cantantes de folk Pete Seeger y Joan Baez. El primero fue quien se encargó de la adaptación del tema como balada y la segunda quien la daría a conocer a nivel mundial. Baez cantó el tema en diversas manifestaciones a favor de los derechos civiles, pero de entre todas destaca la interpretación que hizo en 1963. Cerca de un millón de personas se habían concentrado en la gran explanada del Parque de Washington para escuchar a Martin Luther King. Joan Baez subió al escenario con su guitarra y tocó un «We Shall Overcome» que fue coreado por todo el público. Cuando terminó, el Reverendo King tomó la palabra y, convencido de que efectivamente un día ganarían, se dirigió a la multitud con un discurso que arrancaba con la célebre frase «*I had a dream...*» («He tenido un sueño...»).

Cuatro décadas más tarde, Bruce Springsteen hizo su propia versión del tema para *We Shall Overcome: The Seeger Sessions*, un álbum en el que el Boss recogió diversas canciones recuperadas por Pete Seeger a lo largo de su vida. Con esta adaptación, la canción que se convirtió en la banda sonora de la lucha por los derechos civiles en el S.XX, extendía su mensaje a una nueva generación de americanos en pleno S.XXI.

SMELLS LIKE TEEN SPIRIT
Nirvana

Nace William Colgate, fundador de Colgate-Palmolive
(25 de enero de 1853)

William Colgate fue un empresario de origen inglés que a principios del S.XIX se estableció en Nueva York, donde abrió una pequeña fábrica de almidón, jabones y velas. Era un pequeño negocio familiar que fue pasando de generación en generación y que hoy, dos siglos más tarde, se ha convertido en una de las principales multinacionales de la producción, distribución y venta de productos de higiene personal y limpieza del hogar: Colgate-Palmolive.

Entre las muchas marcas que comercializa Colgate-Palmolive se encuentra Teen Spirit, una línea de desodorantes que vende en Estados Unidos y que sirvió de fuente de inspiración a Kurt Cobain para escribir el que sería el primer gran tema de Nirvana y el icono del movimiento grunge: «Smells Like Teen Spirit».

A principios de los noventa, Cobain estaba intentando escribir una canción del estilo de Pixies, una de las bandas que más admiraba. Le fascinaba la dinámica musical de los temas de esta formación de Boston, y que solía alternar momentos suaves y casi silenciosos con otros más fuertes y duros. Tenía la melodía. Pero faltaba ponerle letra.

La inspiración le vino cuando Kathleen Hanna, cantante de la banda de punk Bikini Kill y novia del batería de Nirvana, Dave Grohl, pintó con espray en la pared de Cobain: «Kurt smells like Teen

Spirit» («Kurt huele a espíritu adolescente»). Como habían estado hablando sobre anarquía, punk, rock y temas similares, él interpretó el mensaje como un eslogan de esta causa y lo incorporó (eliminando la referencia a su persona) como título de la canción que estaba componiendo: «Smells Like Teen Spirit». Lo que no sabía entonces el líder de Nirvana es que lo que realmente le había querido decir Hanna con aquella pintada era que olía a la marca de desodorante Teen Spirit, que era el que utilizaba Tobi Vail, compañera de banda de Hanna y que entonces salía con Cobain.

Nirvana grabó el tema en 1991 y lo escogió como primer sencillo del álbum *Nevermind*. El cantante explicó más tarde que desconocía que Teen Spirit fuera un producto y lo cierto es que no le hizo mucha gracia saber que había incluido una referencia comercial en el título de una de sus canciones. Pero Colgate-Palmolive no quiso perder la ocasión y creó una campaña publicitaria aprovechando la conexión entre su marca y el grupo de moda entre los jóvenes. En el anuncio de televisión los responsables de marketing, hábilmente, incluyeron la frase «Do you smell like teen spirit?» («¿Hueles a espíritu adolescente?»).

Olga Suanya

I DON'T LIKE MONDAYS
The Boomtown Rats

Se produce un tiroteo mortal en la escuela Grover Cleveland de San Diego
(29 de enero de 1979)

Como tantos adolescentes de 16 años, Brenda-Ann Spencer se despierta un lunes sin ganas de asistir a clase. Desde la ventana de su casa se ve el edificio de la escuela y a medida que la hora de entrada se acerca ve cómo los alumnos van llegando. Va pasando el rato y cada vez le da más pereza ir, así que decide cambiar el rumbo del día. ¿Cómo? Pues estrenando el rifle semiautomático del 22 que su padre le regaló en Navidad. La chica empieza a disparar a diestro y siniestro durante seis horas causando un total de dos muertos y nueve heridos. Cuando, una vez detenida, la policía le pregunta por qué lo ha hecho, se encoge de hombros y simplemente responde: «No me gustan los lunes».

Las sorprendentes declaraciones de la joven homicida captaron la atención de Bob Geldof que entonces se encontraba en Estados Unidos. El líder de los Boomtown Rats estaba en los estudios de una radio de Atlanta donde le hacían una entrevista cuando, de repente, se fijó en un teletipo que entraba con esta información por un fax que había justo detrás suyo. La noticia lo dejó impactado. Que no te gusten los

lunes parecía una razón muy extraña para llevar a cabo una matanza como esa...
Y atrapado en este pensamiento, ya camino de vuelta al hotel, le sobrevino la frase con la que encabezaría el tema que ya estaba empezando a componer sobre aquella desgraciada historia: «The silicon chip inside her head gets switched to overload» («El chip de silicio dentro de su cabeza ya está sobrecargado»).

Al cabo de unos meses Geldof y The Boomtown Rats grabaron la canción y la incluyeron en el álbum *The Fine Art of Surfacing* que se publicó en julio de ese mismo año. Aquel verano «I Don't Like Mondays» consiguió mantenerse como número uno de la lista de éxitos del Reino Unido durante cuatro semanas seguidas.

SUNDAY BLOODY SUNDAY
U2

Una manifestación pacífica en Derry acaba con 14 muertos
(30 de enero de 1972)

El 30 de enero de 1972 es uno de los días más oscuros de la historia del conflicto de Irlanda del Norte. Aquel domingo por la tarde el NICRA, una asociación por los derechos civiles de la minoría católica, había convocado en Derry una manifestación en contra de la ley que permitía el encarcelamiento sin juicio de los sospechosos de pertenecer al IRA y que se había aprobado en agosto de 1971. La marcha reunió a más de 15.000 personas y se inició de forma totalmente pacífica. Las autoridades británicas habían denegado expresamente a los convocantes el permiso para salir de los barrios católicos, una zona que se conocía como Free Derry y que estaba cerrada por barricadas. En medio de la marcha un pequeño grupo de manifestantes comenzó a lanzar piedras contra una de las barricadas. La primera respuesta de los soldados llegó con ataques de gas, balas de goma y agua a presión, pero en pocos minutos la escalada se intensificó y las tropas británicas abrieron fuego de forma indiscriminada dejando un total de 14 víctimas mortales y una treintena de heridos de bala. Ninguno de ellos llevaba ningún arma en el momento de ser abatido.

Este trágico episodio pasó a la historia como el *Bloody Sunday* y en 1983 la banda irlandesa U2 decidió recordarlo en una de las canciones de su álbum *War*. Bono ha defendido siempre que «Sunday Bloody Sunday» no es una canción de posicionamiento político en el conflicto irlandés, sino que expresa el dolor, la rabia y el horror por las muertes de aquella jornada. En el videoclip, grabado en un histórico anfiteatro construido en una cantera abandonada de Colorado, hay un

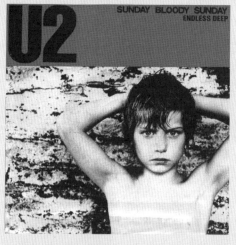

momento en que el líder de la banda abraza una bandera blanca, en un gesto que más tarde explicaría que, más que una rendición ante la violencia, simbolizaba romper una lanza a favor de la paz.

Y así la presentó el líder de U2 el 8 de noviembre de 1987: como una canción de paz. Fue en un recital de la banda en Denver. Pocas horas antes el IRA había detonado una bomba en la ciudad norilandesa de Enniskillen en medio de la celebración del Día de la Memoria, una jornada para homenajear a los caídos de la Primera y la Segunda Guerra Mundial. Murieron diez civiles y un policía. En medio de la interpretación de «Sunday Bloody Sunday», un Bono visiblemente conmovido hizo un discurso a favor de la paz y condenando el atentado, que posteriormente quedaría registrado en el documental *Rattle and Hum*.

La masacre del IRA de ese día, que también era domingo, generó críticas a todos los niveles políticos y civiles, dentro y fuera de Irlanda. Y pocos años más tarde acabaría convirtiéndose en la llave que abriría la puerta al tan esperado proceso de paz.

AMERICAN PIE
Don McLean

Buddy Holly, Ritchie Valens y The Big Bopper mueren en un accidente aéreo
(3 de febrero de 1959)

El 3 de febrero de 1959 una avioneta privada se estrelló en Clear Lake (Iowa) poco después de despegar. Se dirigía a Fargo (Minesota) y en ella viajaban Buddy Holly, Ritchie Valens y The Big Bopper. Los tres tenían un concierto al día siguiente en Moorhead, una población a pocos kilómetros del destino al que el aparato nunca llegó. Los pasajeros y el piloto murieron al instante y aquella jornada fatídica ha pasado a la historia como «el día que la música murió».

La fecha del accidente Don McLean tenía sólo trece años y repartía periódicos con su bicicleta. Era un gran seguidor del rock and roll que hacía Buddy Holly en aquella época y cuando leyó la noticia en la portada de uno de los ejemplares del día quedó conmocionado. Una década más tarde, cuando McLean intentaba hacerse un hueco en el panorama musical, recuperó aquel episodio que tanto le había impactado y lo convirtió en el alma de «American Pie». La pieza muy pronto se convirtió en el himno de toda una generación y fue tan grande el impacto que tuvo que años más tarde la Asociación de la Industria Discográfica de Estados Unidos la definió como «la canción del siglo».

Cogiendo aquella tragedia aérea como fuente de inspiración inicial, McLean escribió un tema épico, de más de ocho minutos de duración, que recoge la historia del rock and roll desde los años cincuenta hasta los setenta. A lo largo de sus seis versos, el autor hace un repaso de experiencias personales, que combina con eventos mundiales y con la transformación de las tendencias musicales. El resultado final es un relato a pinceladas de la vida de alguien que empieza la adolescencia de forma muy optimista, pasa por una juventud rebelde y llega a una madurez plagada de desilusiones.

Ninguno de los músicos fallecidos en el accidente ni los otros que evoca la canción aparecen citados explícitamente, pero la letra de «American Pie» está llena de alusiones a personajes de la época como los Beatles, los Rolling Stones, Bob Dylan, Janis Joplin, Elvis Presley, J.F.Kennedy, Charles Manson o Martin Luther King. Desde el principio, el tema suscitó múltiples teorías e interpretaciones, pero ninguna de ellas ha sido nunca confirmada por McLean, que el único dato que ha dado es que estaba dedicada a Buddy Holly.

En abril de 2015 el manuscrito original de la canción fue subastado en Nueva York. Este documento de 16 páginas con anotaciones y correcciones del autor es todo un testimonio del proceso creativo de «American Pie». Pero ni los 1,2 millones de dólares que se pagaron por este material han sido suficientes para revelar el significado completo del tema. Lo que se esconde detrás de la letra de esta canción seguirá siendo pues una incógnita.

Olga Suanya

THEY DANCE ALONE
Sting

Se publica el Informe Rettig sobre violaciones de Derechos Humanos durante la Dictadura de Pinochet
(8 de febrero de 1991)

Entre septiembre de 1973 y marzo de 1990 Chile vivió bajo el régimen de la dictadura militar impuesta por Augusto Pinochet tras perpetrar el golpe de estado con el que derribó a Salvador Allende. Este es uno de los capítulos más oscuros de la historia del país, que sufrió durante casi dos décadas la amenaza constante de las violaciones de derechos humanos que se producían por parte del ejército. Estos abusos estaban además protegidos por una ley de amnistía que el mismo Pinochet aprobó al principio de su mandato, de modo que los militares actuaban impunemente a la hora de reprimir cualquier conducta contraria al régimen.

Cuando una vez terminada la dictadura, Patricio Aylwin se convirtió en el presidente electo encargado de liderar la transición chilena hacia el retorno a la democracia, una de las primeras medidas que adoptó fue la creación de la Comisión Nacional de Verdad y Reconciliación. Este organismo estaba presidido por el abogado Raúl Rettig y tenía como misión investigar todos los casos de violaciones de derechos humanos cometidos en los últimos años. La extensa documentación recopilada salió publicada el 8 de febrero de 1991 en lo que se conoce como el Informe Rettig, un documento gracias al cual se pudo condenar a algunos de los responsables de los crímenes cometidos bajo el mandato de Pinochet. Las cifras oficiales recogen que durante el periodo del Régimen Militar se superaron las 40.000 víctimas (incluidos más de 3.000 opositores al régimen asesinados) y un millar de personas desaparecidas.

El drama personal que se escondía detrás de cada una de las historias de estos damnificados comenzó a visibilizarse en todo el mundo gracias en parte a «They Dance Alone», la canción que Sting editó en 1987 dentro del disco *Nothing Like the Sun*. El músico había visitado el país en los últimos

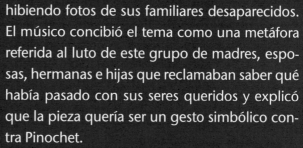

años de la dictadura y quedó impactado por una concentración de mujeres que bailaban la cueca sola (una variación solista de la danza nacional chilena) exhibiendo fotos de sus familiares desaparecidos. El músico concibió el tema como una metáfora referida al luto de este grupo de madres, esposas, hermanas e hijas que reclamaban saber qué había pasado con sus seres queridos y explicó que la pieza quería ser un gesto simbólico contra Pinochet.

Tanto en la versión original como en la que Sting hizo también en español, «They Dance Alone» se convirtió en un icono de la denuncia de las violaciones de los derechos humanos perpetradas en diferentes países. Y con la inclusión del tema en sus conciertos, el músico británico se erigió en altavoz de este colectivo. Una de las interpretaciones más recordadas es la que hizo en octubre de 1990 en el marco del concierto organizado por Amnistía Internacional en Santiago de Chile. En aquella ocasión, Sting tocó la canción acompañado de una veintena de mujeres chilenas que subieron al escenario con los retratos de sus desaparecidos.

DON'T GET ME WRONG
The Pretenders

Nace el tenista John McEnroe
(16 de febrero de 1959)

John McEnroe está considerado uno de los tenistas más relevantes de la historia. Su carácter huraño e inconformista le acompañó a lo largo de su trayectoria deportiva, marcada por la rivalidad profesional que durante toda la década mantuvo con el sueco Björn Borg.

La de los ochenta fue una década donde música y deporte encontraron una compenetración total. Fue una época dorada para ambas disciplinas, con una gran variedad de estilos surgidos alrededor del pop en la vertiente musical; y la popularización de actividades deportivas al margen del fútbol, como el aeróbic, el baloncesto o el tenis. Todo ello, aderezado con una estética de prendas de colores llamativos, peinados atrevidos y accesorios muy vistosos, como hombreras que exageraban las espaldas o calentadores que adornaban pantalones estrechos.

En este contexto, en otoño de 1987 The Pretenders lanzaba su cuarto álbum. Lo hacía con «Don't Get Me Wrong», un single que rápidamente se situó en el Top Ten de las listas americanas, británicas y australianas. Para el videoclip de lanzamiento la banda hizo un homenaje a la mítica serie televisiva británica de los años sesenta, *Los Vengadores*, donde Chrissie Hynde interpreta el papel de la espía Emma Peel buscando al agente secreto John Steed, personaje que aparece en las imágenes originales sobrepuestas al montaje final.

Y mientras The Pretenders triunfaba en las pistas de baile, John McEnroe lo hacía en las de tenis. Pero cuando Big Mac aparcaba la raqueta le gustaba dedicarse a su otra afición: la música. Durante aquellos años fue un gran seguidor de Pretenders. Iba siempre que podía a sus conciertos y terminó haciendo amistad con los miembros de la banda.

A Hynde no le interesaba nada el tenis, pero sí que tenía en mente dedicarle una a McEnroe. La inspiración finalmente le llegó a finales de 1986 en un viaje en avión. Había comenzado a escribir algunos versos pensando en su amigo John, cuando de pronto oyó el anuncio de bienvenida de la compañía aérea por los altavoces encabezado por un «Dong-dong-dong-dong ... Welcome to British Airways». Hynde cogió aquella melodía y la incorporó en tonos similares al estribillo de la canción que ya estaba componiendo con un acompasado «Don't-Get-Me-Wrong».

Cuando entrada la década de los noventa McEnroe se retiró del circuito profesional, decidió aprender a tocar la guitarra de la mano de Van Halen y Eric Clapton. El trabajo de estos dos maestros con quien sin duda fue uno de los tenistas más grandes de todos los tiempos pudo escucharse unos años más tarde en *Stockholm*, el álbum que Chrissie Hynde grabó en solitario en 2014 y en el que invitó a su amigo John McEnroe a tocar en un tema titulado «A Plan Too Far».

THE GHOST OF TOM JOAD
Bruce Springsteen

Nace el escritor norteamericano John Steinbeck
(27 de febrero de 1902)

John Steinbeck es uno de los grandes escritores de la literatura americana de la primera mitad del S.XX y Las uvas de la ira *una de sus novelas más célebres. La obra describe el drama de los Joad, una familia arruinada debido a los efectos de la Gran Depresión de los años treinta y que se ve obligada a irse de su casa en busca de una vida mejor en la tierra prometida de California. Steinbeck fue reconocido con el Pulitzer por esta obra que un año más tarde John Ford llevaría al cine.*

En invierno de 1995 Bruce Springsteen recuperó el estilo acústico que ya había utilizado en Nebraska trece años antes y lo destiló de nuevo en «The Ghost of Tom Joad», uno de sus trabajos más personales. Para componerlo, The Boss se inspiró en *The Grapes of Wrath* (*Las uvas de la ira*), la novela escrita por John Steinbeck en 1939 y que un año más tarde John Ford llevaría al cine. En una entrevista a *The New York Times* en 2014, Springsteen admitió que en el momento de componer el álbum no había leído el libro de Steinbeck, así que las referencias que utilizó a la hora de escribirlo las tomó de la versión cinematográfica.

La historia que recoge esta obra describe el drama de los Joad, una familia arruinada debido a los efectos de la Gran Depresión de los años treinta y que se ve obligada a irse de su casa en busca de una vida mejor en la tierra prometida de California.

La canción que abre y titula el disco hace referencia directa al protagonista principal de la obra, Tom Joad, y que en la película interpreta Henry Fonda. Para Springsteen, su figura se convierte en un símbolo del coraje y el sufrimiento de la clase trabajadora. Y es a partir de este concepto, que crea la metáfora del fantasma imaginario de este personaje para explicar un contexto de crisis económica que desgraciadamente se repite en diferentes periodos históricos.

Uno de los momentos más emotivos del film es el que recoge el fragmento en que Tom se despide de su madre. En la última estrofa de la canción, Springsteen recupera este discurso y lo reformula manteniendo su estructura pero adaptando su contenido a situaciones más actuales, sin perder el trasfondo de crítica social. Para hacerlo más evidente, el músico quiso incluso mantener la frase «I'll be there» («Allí estaré») que Tom Joad repite en esta escena y que se ha convertido en uno de los pasajes más recordados de este clásico del cine.

Olga Suanya

MY WAY
Frank Sinatra

Nace Mijaíl Gorbachov
(2 de marzo de 1931)

Hijo de una familia de agricultores de la zona del Cáucaso, desde pequeño Mijaíl Gorbachov mostró gran interés por la política. Con 21 años se afilió al partido y rápidamente ascendió posiciones dentro de la organización, desarrollando una prolífica carrera que culminaría con su nombramiento como presidente de la URSS, siendo el último mandatario que ocuparía este cargo.

Si una canción ha quedado asociada a la figura de Frank Sinatra es sin duda «My Way». Pero la historia de este tema tiene otros protagonistas, títulos y argumentos que han quedado sepultados bajo el éxito de este clásico. Su relevancia ha traspasado el ámbito musical, convirtiéndose en toda una declaración de intenciones que incluso ha tenido incidencia en la política.

Titulada originalmente «For me», fue escrita por el compositor Jacques Revaux y el letrista Gilles Thibault en 1967. La canción tenía que ser para una vocalista de origen italiano llamada Dalida, pero como a ella no le entusiasmó, decidieron dársela a Claude François que en aquella época era uno de los intérpretes que más triunfaba entre el público francés. Después de algunos retoques, la pieza acabó como «Comme d'Habitude» en referencia al retrato tedioso que sus versos hacían de la vida conyugal, a través del relato del distanciamiento progresivo de una pareja.

La canción no tuvo tanto éxito como otros temas de François y apenas vendió 225.000 ejemplares. Pero su destino cambió cuando el cantante canadiense Paul Anka la descubrió durante unas vacaciones en Francia. Fue viendo un programa de televisión donde François la interpretaba y le gustó tanto que decidió comprar la exclusiva de «Comme d'Habitude» en inglés. En vez de hacer una traducción,

Anka optó por adaptar la letra y reconvertir el tema en una recopilación de reflexiones de un hombre que, llegado a la madurez, hace un repaso de su vida. La rebautizó como «My Way» y se la llevó a Frank Sinatra que era el artista que, desde el primer momento, tenía en mente para que interpretase su versión.

«My Way» se editó en 1969 en un disco que llevaba el mismo nombre y con los años se ha convertido en una de las canciones más icónicas de la trayectoria artística de Sinatra. La identificación del tema con el cantante se fue fortaleciendo con el paso de los años, pero a medida que se forjaba como una pieza reivindicativa de su personalidad, se transformaba también en todo un símbolo universal que iba más allá del entorno musical. En este contexto, a finales de los ochenta el espíritu de «My Way» incluso inspiró el nombre con el que el gobierno de Gorbachov bautizó su política de no intervencionismo en los asuntos internos del resto de países del Pacto de Varsovia y que ha pasado a la historia como la 'Doctrina Sinatra'. Esta medida, que se desmarcaba del control rígido que se había aplicado desde la década de los sesenta, permitía a las naciones integrantes del acuerdo de cooperación militar del bloque soviético actuar de la manera que consideraran más oportuna a la hora de proceder en cuestiones internas.

El concepto 'Doctrina Sinatra' fue acuñado por el portavoz oficial del Ministerio de Relaciones Exteriores de la Unión Soviética en octubre de 1989 durante una entrevista a una televisión americana. Al ser preguntado sobre la reacción soviética a la decisión de países como Polonia y Hungría de implementar estrategias económicas reformistas copiadas de la Perestroika, el representante del gobierno de Gorbachov contestó: «Nosotros tenemos hoy la doctrina de Frank Sinatra. Él tiene una canción que dice "I did it my way". Así, cada país decide cuál es el camino que debe seguir». Pocas semanas después de estas declaraciones, el 9 de noviembre de 1989, caía el Muro de Berlín. Y con él se acababa de derrumbar también parte del sistema político comunista de los países del Este y que, un año después, desembocaría en la disolución de la Unión Soviética.

Olga Suanya

GO WEST
Pet Shop Boys

Muere el compositor clásico Johann Pachelbel
(3 de marzo de 1706)

*El 3 de marzo de 1706 moría en Nüremberg el compositor, clavi-
cembalista y organista Johann Pachelbel. Considerado uno de los
grandes maestros de la época barroca, sus composiciones fueron
todo un modelo para los autores del Sacro Imperio Germánico. Pero
su influencia se extiende más allá del S.XVIII y no sólo se reduce a la
música clásica. Su Canon en Re Mayor, la pieza más popular de su
repertorio, ha servido de base a muchas canciones del S.XX.*

La secuencia armónica de los instrumentos de cuerda del canon de Pachelbel es
fácilmente reconocible gracias a la repetición de una misma melodía a lo largo de
la composición. En este caso, el autor usó una estructura en progresión basada
en los acordes Do-Sol-Lam-Mim-Fa-Do-Fa-Sol, y que ha resultado ser la clave del
éxito de muchas producciones musicales de nuestros días. «Cryin» de Aerosmith,
«Basket Case» de Green Day o «Don't Look Back in Anger» de Oasis son sólo algunos ejemplos de canciones que han triunfado utilizando esta fórmula.

Pero de todos los grupos que han aprovechado esta receta infalible, ninguno
lo ha hecho de una forma tan original como lo hicieron los Pet Shop Boys a principios de los noventa con la versión de un sencillo de The Village People. Esta
banda de música disco, que se hizo mundialmente famosa por los disfraces con
que actuaban sus miembros, lanzó «Go West» en 1979. El tema seguía un patrón
similar al de otros éxitos del grupo como «Y.M.C.A.» o «In the Navy», pero no lo-
graron que «Go West» fuera tan popular como éstos y terminó teniendo un paso
discreto por las listas musicales de ese año.

El título de la canción viene de una frase del S.XIX que algunos atribuyen a
Horace Greeley, quien fue director del *New York Tribune* y uno de los fundadores
del Partido Republicano. La expresión original era «Go West, young man» («Ve

al Oeste, jovencito») y hacía referencia a la conquista del Oeste americano. Pero la identificación de The Village People con el entorno gay también ha propiciado que algunos hayan interpretado este «Go West» como una indicación hacia San Francisco, ciudad referente en los años setenta del movimiento de liberación homosexual. O incluso, por el contexto de la Guerra Fría que se vivía en aquella época, también se ha entendido como un sentimiento pro-occidental frente el mundo comunista.

Recogiendo todas estas especulaciones, en 1992 Chris Lowe y Neil Tennant reformularon el tema por completo sin alterar, eso sí, la base de Pachelbel. La idea de recuperarla surgió a raíz de una petición que les hicieron para una actuación benéfica contra el SIDA y al año siguiente decidieron grabarla e incluirla en el álbum *Very*. El resultado fue una versión de la pieza de The Village People adaptada al sonido de pop electrónico que ha acompañado a los Pet Shop Boys a lo largo de las tres últimas décadas.

Para el arranque del tema tomaron la melodía principal y la fusionaron con los acordes del himno de la URSS, un inicio que en el videoclip se completó con imágenes de la iconografía soviética, alternada con símbolos de la cultura americana. La canción rápidamente se situó en lo alto de las principales listas, convirtiéndose así en uno de los grandes éxitos del dúo británico. De hecho, desde hace años, es el tema que utilizan habitualmente para cerrar sus conciertos. Uno de los más recordados, fue el que ofrecieron en julio de 2005 en la Plaza Roja de Moscú y en el que consiguieron que «Go West» fuera coreada por todo el público asistente.

Olga Suanya

WIND OF CHANGE
Scorpions

Winston Churchill utiliza el concepto 'telón de acero' por primera vez
(5 de marzo de 1946)

El 5 de marzo de 1946 el primer ministro británico Winston Churchill pronunciaba uno de sus discursos más famosos. Lo hizo en el Westminster College de Fulton (Missouri) y en él introdujo el concepto 'Telón de acero', utilizando por primera vez la versión inglesa (Iron Curtain) *de la expresión alemana Eiserner Vorhang. «Desde Stettin, en el Báltico, hasta Trieste, en el Adriático, ha caído sobre el continente un telón de acero» proclamaba Churchill. Y con estas palabras ilustraba la frontera imaginaria que después de la Segunda Guerra Mundial dividía Europa en dos bloques: la de los países occidentales, que seguían el sistema capitalista de Estados Unidos; y la de los socialistas, alineados bajo la influencia de la Unión Soviética.*

Quince años después de esta proclamación del político británico se levantaba el Muro de Berlín. Esta construcción de más de 120 kilómetros, separó la ciudad y, de hecho, las dos Alemanias, durante casi treinta años. Se materializaba así de forma física el concepto apuntado por Churchill.

Mientras la vida de los ciudadanos de este país dividido se adaptaba al nuevo escenario en cada uno de los dos lados de la frontera, en Hanover se formaba Scorpions, una banda de heavy que se convertiría en el grupo de rock más popular e internacional de la República Federal Alemana. Tras triunfar por todo el mundo con temas como «Still Loving You» o «Rock You Like a Hurricane», en noviembre de 1990 la formación liderada por Klaus Meine lanzó la que se convirtió en su canción más exitosa: «Wind of Change». La empezaron a concebir en agosto de 1989 en el marco de una actuación que hicieron en un festival de rock de Moscú,

sin saber que ese viento de cambio que anunciaba el tema se convertiría en una premonición de lo que pasaría a las pocas semanas.

En aquel concierto en la capital de la URSS había soldados del Ejército Rojo situados de espaldas al escenario encargándose de la seguridad. Cuando los miembros de Scorpions salieron a tocar, los militares se volvieron para mirarlos y, uniéndose a la efusiva bienvenida del público, lanzaron sus gorras al aire a modo de un espontáneo saludo. Convencidos de que lo que acababan de presenciar era un signo inequívoco de que las cosas estaban cambiando, los músicos se inspiraron en esta imagen para escribir «Wind of Change», un tema que hacía alusión a un mundo de paz que unía los pueblos, dejando atrás las divisiones y las tensiones de la Guerra Fría.

Lo que no podía imaginar la banda es que ese mismo mes de noviembre una revolución pacífica derrocaría de forma inesperada el Muro de Berlín. Y menos aún que su canción se convertiría en el tema que se asociaría a la caída de este símbolo del telón de acero. Cuando en 1999 se celebró el décimo aniversario de este hecho histórico con un concierto ante la Puerta de Brandemburgo, los miembros de Scorpions interpretaron una versión muy especial de «Wind of Change» acompañados por la Filarmónica de Berlín.

SPACE ODDITY
David Bowie

Muere el director de cine Stanley Kubrick
(7 de marzo de 1999)

Uno de los grandes legados que dejó Stanley Kubrick fue 2001. *Una Odisea del Espacio. El guión era obra de Arthur C. Clark, a quien el cineasta le encargó la adaptación cinematográfica del cuento* El Centinela *que este novelista había publicado unos años antes. Lo escribió durante el tiempo que vivió en la habitación 1008 del Chelsea Hotel y, ejecutado bajo las órdenes del director norteamericano, ha acabado convirtiéndose en una de las películas más aclamadas de la historia.*

La primavera de 1968 David Bowie era un joven de 21 años que intentaba encontrar su lugar en el mundo de la música. Su primer álbum había pasado desapercibido y, en la búsqueda de nuevos retos artísticos, se dedicaba a combinar mimo, poesía y canciones con el grupo que había creado con su novia, la actriz y bailarina Hermione Farthingale. Se habían conocido en un rodaje y vivieron unos meses intensos personal y artísticamente, pero la relación entre ambos se fue enfriando y antes de que llegara el verano se separaron.

Esta ruptura activó la producción creativa de Bowie, que en aquel período escribió varias canciones inspiradas en quienes dicen que fue su primer gran amor. Pero ninguna de ellas recogió mejor el vacío que experimentó por la ausencia de Hermione Farthingale como «Space Oddity», el tema que compuso después de ver *2001. Una Odisea del Espacio.* Vio la película por primera vez en julio de ese año en el Casino Cinerama de Londres y quedó tan fascinado por aquella historia y su narrativa audiovisual, que en los días siguientes volvió varias veces al cine para sumergirse de nuevo en el film.

La similitud del nombre del protagonista (David Bowman) con el suyo, seguramente incidió en la identificación que desde el primer momento David Bowie experimentó con la sensación de soledad y vacío de los astronautas que flotaban a la deriva por el espacio en el film de Kubrick. La conexión fue inmediata y rápidamente hizo fluir las notas y la letra de lo que se convertiría en el primer gran éxito de ventas del músico británico. El hecho de que la canción se editara pocos días antes del lanzamiento del *Apolo XI* hacia la Luna, fue determinante también a la hora de catapultar «Space Oddity» a la fama, ya que el tema se convirtió rápidamente en la banda sonora de las imágenes de aquel histórico alunizaje.

PEOPLE GET READY
Curtis Mayfield

Muere Harriet Tubman, luchadora por las libertades de los afroamericanos
(10 de marzo de 1913)

A principios del S.XIX un grupo de antiesclavistas americanos creó una organización clandestina que ayudaba a esclavos a huir de las plantaciones del Sur. Contaba con itinerarios y casas secretas que servían como vías de seguridad para mover y esconder a los fugitivos durante su escapada. Para comunicarse en clave, los miembros de esta red adoptaron

términos y expresiones ferroviarias que utilizaban de forma metafórica a la hora de describir sus planes. Los 'maquinistas' eran los encargados de guiar a los esclavos en su 'trayecto' de escapada. Los 'viajeros', los cautivos. Las 'vías', las rutas que utilizaban. Las 'estaciones', los hogares donde los alojaban. El 'destino' los estados del norte o Canadá. Y el 'billete', la libertad soñada. De ahí que esta organización se conociera como Underground Railroad (Ferrocarril Subterráneo). Durante los más de treinta años que funcionó, el Ferrocarril Subterráneo consiguió liberar a más de 100.000 personas que, gracias a la arriesgada colaboración de simpatizantes del movimiento abolicionista, pudieron empezar una nueva vida. Una de ellas fue Harriet Tubman.

Conocida popularmente como la Moisés de los esclavos, Harriet Tubman había nacido en una plantación de Maryland en 1820 y gracias a esta entidad secreta consiguió empezar una nueva vida. Ya como una mujer libre, Tubman se incorporó a la organización y viajó una docena más de veces a los estados del Sur, desde donde ayudó a escapar a centenares de personas. Su figura fue tan relevante

que los esclavistas llegaron a ofrecer una recompensa para capturarla viva o muerta. Pero esta amenaza no detuvo su determinación y Tubman se dedicó a luchar por la libertad de los afroamericanos hasta su muerte en 1913. En honor a su memoria, cada 10 de marzo en Estados Unidos se celebra el *Harriet Tubman Day*.

Medio siglo después, el cantante y compositor Curtis Mayfield recuperaría el código clandestino de aquel Ferrocarril Subterráneo que ayudó a Tubman y a tantas otras víctimas de la esclavitud para poner letra a «People Get Ready», uno de los temas más exitosos de los que grabó con The Impressions. Altamente comprometido con la lucha por los derechos civiles estadounidenses, Mayfield cogió las metáforas ferroviarias de aquella red liberadora de esclavos y, acompañándolas de algunas referencias bíblicas, escribió la canción que todavía hoy se considera un himno universal de la igualdad y la libertad.

La revista *Rolling Stone* colocó «People Get Ready» en el puesto 24 de los 25 mejores temas de todos los tiempos y en el 20 de su ranking de 'Guitar Tracks'. Y es que más allá de haber escrito una letra universal, Mayfield creó una balada con una melodía que ha traspasado el tiempo y las fronteras y de la que se han hecho numerosas versiones. De entre todas ellas, la más destacada es la versión que hizo Rod Steward en colaboración con el guitarrista Jeff Beck en 1983 y que supuso la vuelta de la canción a las listas de éxitos dos décadas después de su publicación.

Pero más allá de esta canción, el legado de Curtis Mayfield es extraordinario. Como voz principal de The Impresions hizo algunas de las grabaciones más importantes del soul vocal de los sesenta. Y cuando a principios de los setenta emprendió su carrera en solitario creció aún más como músico, desarrollando diferentes sub-estilos dentro del soul. Por desgracia, su trayectoria quedó truncada en 1990 cuando, en medio de una actuación, le cayó encima una torre de luces que lo dejó tetrapléjico.

Olga Suanya

KNOCKIN' ON HEAVEN'S DOOR
BOB DYLAN

Se produce la masacre de Dunblane
(13 de marzo de 1996)

El 13 de marzo de 1996 se produjo la tragedia más atroz de la historia reciente británica. Fue en Dunblane, una pequeña localidad situada al norte de Edimburgo, donde un perturbado entró en una escuela de primaria con cuatro pistolas automáticas. Thomas Watt Hamilton, de 43 años y viejo conocido de los vecinos del pueblo, fue directo al gimnasio y comenzó a disparar a quemarropa contra los alumnos que en ese momento estaban en clase de educación física. En menos de tres minutos acabó con la vida de 16 niños de entre cinco y seis años y de su maestra. Acto seguido, se suicidó con un tiro en la cabeza.

La masacre de Dunblane consternó a todo Reino Unido, que se volcó en mostrar indignación por los asesinatos y solidaridad con las familias damnificadas. Una de estas iniciativas fue el homenaje que el músico escocés Ted Christopher hizo a las víctimas con una versión muy especial de «Knocking on Heaven's Door».

Bob Dylan escribió este tema en 1973 para la película *Pat Garrett y Billy The Kid*, un western dirigido por Sam Peckinpah donde el cantante aparecía también como actor. Cuentan que durante el rodaje en el estado mejicano de Durango, el director comentó al equipo que echaba de menos un fondo musical para la escena del tiroteo donde uno de los protagonistas es herido mortalmente. Dylan se encerró con su guitarra en la habitación donde se alojaba y en un rato compuso «Knocking on Heaven's Door».

Tras ser incluida en la banda sonora y que el músico la editara como sencillo, el tema ha sido versionado en muchísimas ocasiones por diferentes artistas y en varios estilos. Eric Clapton, Bon Jovi, Roger Waters o Avril Lavigne han reinterpretado este tema que la revista *Rolling Stone* ha incluido en su selección de las

mejores 500 canciones de todos los tiempos. De todas ellas, sin embargo, la que seguramente ha sido la más exitosa es la que hizo Guns N' Roses en 1986. De hecho, hay toda una generación que creció convencida de que «Knocking on Heaven's Door» era un tema original de la banda californiana.

Bob Dylan nunca permite que se altere la letra de sus creaciones, pero cuando se produjo la masacre de Dunblane hizo una excepción y autorizó que Ted Christopher añadiese unos versos en memoria de los niños que perdieron la vida en el trágico episodio. La estrofa rezaba: «*Lord these guns have caused too much pain. This town will never be the same. So for the bairns of Dunblane. We ask please never again*» («Señor, estas armas han causado demasiado dolor. Esta ciudad nunca volverá a ser la misma. Así para los habitantes de Dunblane. Pedimos por favor que nunca más»).

Esta versión de «Knocking on Heaven s Door», interpretada con un grupo de niños de Dunblane acompañando a Ted Christopher en el coro, pronto se convirtió en número uno en el Reino Unido. Todas las ganancias recaudadas con la venta del disco se destinaron a organizaciones benéficas infantiles.

Olga Suanya

TWO MINUTES TO MIDNIGHT
Iron Maiden

Nace Martyl Langsdorf, artista autora del Doomsday Clock
(16 de marzo de 1917)

La preocupación por una posible confrontación bélica entre la URSS y Estados Unidos una vez terminada la Segunda Guerra Mundial, había hecho que en 1947 un grupo de expertos de la Universidad de Chicago creara el Boletín de Científicos Atómicos, un informe que diagnosticaba la situación mundial según el nivel de peligrosidad de las diferentes amenazas existentes.

Para ilustrar gráficamente la gravedad del momento, encargaron a la artista Martyl Langsdorf el diseño de la portada de esta publicación. Langsdorf estaba casada con un físico que había trabajado en el Manhattan Project, el grupo de investigación que a principios de los años cuarenta intentó desarrollar la primera bomba atómica. Langsdorf pues, estaba muy concienciada con la amenaza nuclear y pensó que un reloj sería la forma más clara de representar la situación de alerta que había que transmitir. Lo bautizó como Doomsday Clock (el Reloj del Juicio Final, también conocido como el Reloj del Apocalipsis) y, desde entonces, es el encargado de marcar la hora de forma metafórica, en función de los minutos que faltan para llegar a las doce, símbolo del fin del mundo en este contador.

En agosto de 1984, en uno de los momentos más críticos de la Guerra Fría, la banda de heavy metal Iron Maiden editaba uno de sus grandes éxitos: «2 Minutes to Midnight». El tema reflejaba la tensión que se vivía en aquel momento debido a las complicadas relaciones entre el mundo comunista y el capitalista, con el consecuente miedo por la amenaza de que en cualquier momento pudiera estallar una guerra atómica. Y lo hacía con una referencia en su título al *Reloj del Apocalipsis*.

Aquel 1947 la hora del *Doomsday Clock* se fijó a las 23:53. Y desde entonces, cada año se ha ido actualizando a partir del análisis de la situación. En 1953 el reloj llegó a su punto más delicado cuando marcó las 23:58. Estos dos minutos que faltaban para la medianoche venían determinados por el nivel de extrema tensión que se vivió cuando las dos potencias probaron la bomba atómica con tan sólo nueve meses de diferencia. Fue el momento de la Guerra Fría en que las manecillas del reloj estuvieron más cerca de las 12. Y también la hora que la banda liderada por Bruce Dickinson tomó como referencia en «2 Minutes to Midnight» para escribir este tema sobre el desenlace apocalíptico que se temía que podía tener el mundo aquel 1984 si las dos potencias decidían apretar el botón nuclear.

A lo largo de más de siete décadas, las manecillas del reloj han continuado moviéndose en función de la dimensión de los peligros que amenazan a la humanidad. Durante años, las armas atómicas han sido determinantes en su movimiento pero, desde hace un tiempo, el cambio climático se ha añadido como otro elemento clave. Estos dos factores, principalmente fruto de las amenazas nucleares de Corea del Norte al gobierno de Donald Trump y la emergencia climática, hicieron que en 2018 el *Doomsday Clock* volviera a marcar aquel histórico 23:58 que atemorizó a la población mundial a principios los años cincuenta. En 2019 el contexto no mejoró y el reloj siguió indicando que faltaban dos minutos para la medianoche. Y el pasado 23 de enero de 2020 la situación aún empeoró. Los responsables de fijar la hora alertaron de que el reloj llegaba a la hora más próxima al máximo riesgo: 100 segundos. La creciente amenaza de la guerra de la información y otras tecnologías disruptivas eran los nuevos factores que se incorporaban como elementos a considerar en el cálculo del tiempo que queda para la llegada del fin del mundo.

Olga Suanya

BOHEMIAN RHAPSODY
Queen

Nace Chico Marx
(22 de marzo de 1887)

Nacidos en Nueva York en el seno de una familia artística, los hermanos Marx fueron todo un fenómeno de la primera mitad del siglo XX. Empezaron haciendo de cómicos y cantantes en obras de teatro de vodevil. Y en poco tiempo el éxito los llevó, primero a Broadway y, finalmente, al cine. Aunque eran cinco, el salto a la gran pantalla sólo lo hicieron cuatro de ellos: Groucho, Harpo, Chico y Zeppo, cada uno de los cuales se creó un personaje propio, que le acompañaría a lo largo de toda su trayectoria. Groucho se pintó un bigote grueso con betún y adoptó una forma extravagante de caminar a grandes zancadas. Harpo se puso una peluca roja y con una bocina simuló ser mudo. Chico comenzó a hablar con un falso acento italiano. Y Zeppo adoptó los gestos de un joven galán.

A finales de los años veinte, con el paso del cine mudo al sonoro, los Hermanos Marx firmaron con la Paramount y se convirtieron en una de las revelaciones de Hollywood. Con esta productora hicieron cinco películas, hasta que en 1934 ficharon por la Metro Goldwyn Mayer y Zeppo dejó de actuar para convertirse en el agente de sus hermanos. El primer film que les produjo esta compañía fue *Una noche en la ópera*, una sátira del mundo de este espectáculo, donde los Marx ayudan a dos cantantes enamorados mientras provocan el caos durante una representación de *Il Trovatore*.

Fue precisamente de esta película de donde los miembros de Queen tomaron el título del disco que estaban grabando el verano de 1975 y que se convertiría en el trabajo más reconocido de la banda. Freddie Mercury, Brian May, John Deacon y Robert Taylor vieron juntos este clásico de los Hermanos Marx una tarde durante una de las pausas de la grabación del álbum en los estudios Rockfield de Gales.

A Night at the Opera era el primero que editaban con EMI, después de romper la relación con Trident, el sello con el que habían producido sus tres discos anteriores.

Cuando Groucho Marx, que entonces era un anciano de 85 años que vivía sus últimos años retirado en Los Ángeles, se enteró de este homenaje que le habían hecho la banda a través del título de su disco, les escribió para agradecerles el detalle. Y poco después, aprovechando que el grupo daba un concierto en la ciudad californiana, les invitó a tomar el té en su casa. Los músicos aceptaron encantados. Lo que seguramente no se esperaban es que una vez allí Groucho les pidiera que cantaran algo. Los miembros de Queen no se lo pensaron demasiado y con una guitarra española del propio Groucho interpretaron para él algunos temas de *A Night at the Opera*.

El disco recoge grandes temas de Queen, pero ha pasado a la historia especialmente por ser el álbum de «Bohemian Rhapsody», una de las canciones más exitosas del cuarteto británico. Freddie Mercury la escribió en su casa de Kensington intentando crear un tema totalmente fuera de las estructuras habituales de las piezas de rock. Al componer la música, se dejó guiar por la lógica operística, añadiendo coros a diferentes voces que se alternaban con solos similares a arias. Y en cuanto a la letra, evocó algunos referentes clásicos que mezcló en una trama confusa que ha suscitado diferentes interpretaciones.

Tardaron tres semanas en grabarla. La empezaron en Rockfield, pero durante el proceso usaron cuatro estudios más, en los que registraron diferentes partes que finalmente agruparon en el proceso de edición. Mercury, May y Taylor cantaron entre 10 y 12 horas diarias para poder tener las 180 grabaciones separadas que necesitaron para conseguir el efecto de voces múltiples que buscaban. Como en aquellos tiempos no había todavía cintas de 24 pistas, los tres tuvieron que grabar hasta ocho veces sobre cada cinta, mientras iban haciendo las mezclas. De hecho, «Bohemian Rhapsody» está considerada como una de las grabaciones más elaboradas y mejor producidas de la historia del rock. La película de los Hermanos Marx que inspiró el título del álbum que la contiene, no cuenta con menos reconocimientos. En 1993 fue seleccionada para ser preservada en el National Film Registry de la Biblioteca del Congreso de los Estados Unidos como película cultural, histórica y estéticamente significativa. Y en 2007 fue incluida en la lista de las 100 mejores películas de la historia elaborada por el American Film Institution.

COMMON PEOPLE
Pulp

Nace Yanis Varoufakis
(24 de marzo de 1961)

Yanis Varoufakis es uno de los economistas griegos más influyentes. En 2015, con la victoria electoral de Syriza fue nombrado ministro de finanzas del gobierno helénico, un cargo que ejerció durante tan solo unos meses. Nacido en Atenas y formado en distintas universidades británicas, Varoufakis es un hombre polifacético que rompió moldes en su paso por la política por su estilo poco convencional y desenfadado.

Una estudiante de arte griega de familia acomodada que se incorpora a una facultad pública de arte. Un joven de origen humilde con quien coincide en clase de escultura. Ella, determinada a 'vivir como la gente corriente', adjudicándole a la pobreza una pátina de glamour. Y él, que conoce bien este mundo, intentando hacerle ver cuán equivocada está. Es el relato de una relación entre dos jóvenes con un trasfondo de lucha de clases como tantos otros se han escrito a lo largo de la historia. Pero en este caso, acompañado de la música de Pulp, es una de las canciones referentes de la música británica de los años noventa.

Jarvis Cocker, el líder de la banda, escribió «Common People» inspirándose en su época de estudiante en el Central Saint Martins College of Art and Design de Londres, a mediados de los ochenta. Allí coincidió con una compañera de clase llegada de Grecia que quería olvidar su origen adinerado y probar las cosas que hacía la gente con la que coincidía en las aulas. Esta manera de actuar de la chica captó la atención de Cocker y, con una letra donde parece que le puso bastante imaginación, escribió la que probablemente sea la canción más conocida de Pulp.

Pero ¿quién era esta joven? Su identidad fue un enigma durante bastante tiempo, pero la primavera de 2015 el diario griego *Athens Voice* publicó un artículo donde aseguraba haber desvelado el misterio. Según este rotativo, la chica era

Danae Stratou, hija de una de las familias de empresarios más importantes de Grecia y esposa de quien fue el ministro de finanzas griego Yanis Varoufakis en 2015. A fecha de hoy, nadie del entorno de Stratou ha confirmado ni desmentido la noticia pero las coincidencias de fechas y lugares dan cierta credibilidad a esta teoría.

Hasta la publicación de la información en este periódico, ni el mismo Cocker había sido capaz de identificar a la musa que le inspiró «Common People» ya que, al contrario de lo que cuenta la canción, el cantante de Pulp nunca tuvo una relación cercana con ella y confiesa que no sabía ni su nombre. Sí que coincidieron en alguna ocasión y él recuerda haberle oído comentar que quería trasladarse al barrio de Hackney (una de las zonas obreras del Est End) porque según le dijo ella y él recogió en la letra de la canción: «I wanna live like common people» («quiero vivir como la gente corriente»).

MY GENERATION
The Who

Muere la Reina Madre de Inglaterra
(30 de marzo de 2002)

Como esposa del rey Jorge VI, Isabel Bowes-Lyon en 1936 se convirtió en reina consorte del Reino Unido y los dominios británicos, reina consorte de Irlanda y emperatriz de la India. Tras la muerte de su esposo en 1952, empezó a ser conocida como Reina Madre para evitar confusiones con su hija, la Reina Isabel II, una denominación que la acompañó hasta el último de sus días. Murió en marzo de 2002 a los 101 años de edad siendo la soberana inglesa más anciana de toda la monarquía británica. «My Generation» es posiblemente uno de los temas más emblemáticos de The Who. Como bien indica su título, es el himno de la generación de este grupo británico, exactamente la de los sesenta. Está considerada como una de las declaraciones más potentes de la rebelión juvenil de la historia del rock, una temática que trata de forma tan universal, que ha conseguido que jóvenes de generaciones posteriores también se hayan sentido identificados con la canción.

Cuando el líder de la banda, Pete Townshend compuso «My Generation» apenas tenía 20 años y, como tantos otros chicos de su edad, intentaba expresar la angustia de ser adolescente y la sensación de incomprensión que tenía cuando interactuaba con las personas adultas. Townshend explica que concibió el tema durante un viaje en tren recordando una noticia que había leído sobre la Reina Madre de Inglaterra. En el texto se explicaba que la monarca había obligado a tener retenido un coche fúnebre en el barrio londinense de Belgravia para no verlo durante su paseo diario. A partir de ese hecho que le había parecido tan inconcebible, Townshend escribió una letra que reivindicaba la personalidad de todos los chicos y chicas de su generación que no acababan de encontrar su lugar en una sociedad que ni entendían ni los entendía. Para la parte musical, se inspiró en una breve canción del músico de jazz Mose Allison titulada «Young Man Blues», un tema que a partir de 1968 The Who incorporaría a sus directos haciendo una versión tamizada por su inconfundible rock and roll.

La banda publicó «My Generation» en 1965 en su álbum de debut y que precisamente bautizaron con el título de esta canción. Hacía apenas un año que Keith Moon se había incorporado a la banda, conformando así la formación musical definitiva y que se mantendría intacta hasta 1978, fecha en que el batería murió con 32 años a causa de una sobredosis de pastillas.

Durante la década de los sesenta y los setenta, The Who se erigió como la banda referente de los mods británicos, una subcultura que agrupaba seguidores de las motos scooter y de géneros musicales como el soul, el beat y el rhythm and blues. El ímpetu creativo de la banda, no sólo se hacía evidente en sus composiciones, sino también en sus actuaciones, en las que a menudo destrozaban instrumentos en directo. Todo comenzó en septiembre de 1964 en un concierto en el Railway Tavern de Londres. A Townshend se le rompió accidentalmente el mástil de la guitarra y, enfurecido al ver que el público estallaba a reír, decidió acabar de destrozarla. Con esta reacción Townsend se convertía en el primer músico que se cargaba expresamente un instrumento en el escenario, una práctica que pronto tuvo seguidores entre otros artistas de su misma generación.

Olga Suanya

BROTHERS IN ARMS
Dire Straits

Estalla la Guerra de las Malvinas
(2 de abril de 1982)

La Guerra de las Malvinas fue un conflicto bélico que enfrentó al Reino Unido con Argentina en 1982 por la disputa de estas islas del Atlántico Sur. La guerra comenzó cuando la decadente dictadura militar instaurada en Buenos Aires en ese momento decidió invadir el pequeño archipiélago que estaba en manos de los británicos desde 1833. La respuesta del gobierno de Margaret Thatcher no se hizo esperar y envió su ejército a recuperar el territorio. El combate por las Falkland Islands, que es como las llaman los ingleses, se prolongó durante dos meses y terminó con la rendición y la consecuente expulsión de los militares argentinos. Un total de 905 soldados de ambos bandos perdieron la vida.

Este enfrentamiento inspiró a Mark Knopfler uno de sus temas más celebrados: «Brothers in Arms». El líder de Dire Straits compuso esta canción de claro carácter antibélico en 1985. Y lo hizo dando voz a un soldado herido y moribundo que describe aquel particular campo de batalla que se libraba entre las montañas cubiertas de niebla de estas tierras de la parte más meridional del continente americano. Con una letra triste y melancólica, Knopfler comparte los pensamientos del protagonista de la historia cuando éste está a punto de morir

rodeado de sus compañeros de armas que, a diferencia de él, sí que tendrán la suerte de poder volver a casa.

El título de la canción surge de un comentario que hizo su padre sobre el conflicto y donde se refirió los soldados enfrentados como «brothers in arms». El contexto de esta frase inspiradora del tema del progenitor de los Knopfler es posible que tuviera un doble sentido. Y es que hacía tiempo que otro conflicto más cercano le preocupaba: el que existía entre sus dos hijos Mark y David. Ambos habían tocado juntos con Dire Straits durante los primeros años de la banda, pero una discusión durante una gira hizo que se separaran y que la relación entre ellos se rompiera, convirtiéndolos así en hermanos en guerra.

Olga Suanya

LOVE ME TENDER
Elvis Presley

Empieza la Guerra Civil Americana
(12 de abril de 1861)

«Aura Lee» es una canción de 1861 que se estrenó pocas sema-nas antes del comienzo de la guerra civil americana. Escrita por William W. Fosdick y George R. Poulton era una balada sentimental que tuvo mucho éxito en aquellos años. El tema se extendió por todo el territorio y pronto se convirtió en una composición tan conocida que los soldados de ambos bandos la cantaban a menudo por las noches alrededor de las hogue-ras de los campamentos.

Un siglo más tarde Elvis Presley recuperó este clásico y lo convirtió en una de sus cancio-nes más aclamadas: «Love me tender». Con la ayuda del compositor Ken Darby, arregló su melodía e incorporó una nueva letra con el objetivo de convertirla en la pieza central de una película que debía titularse *The Reno Brothers* y que constituía el debut del Rey del Rock en el cine.

La interpretó por primera vez en septiembre de 1956, semanas antes del lanzamiento del single y del estreno del film, en el programa de televisión The Ed Sullivan Show. Y su ac-tuación tuvo tanto éxito, que los días siguien-tes la discográfica recibió hasta un millón de solicitudes anticipadas de venta, lo que hizo que la canción se certificara como

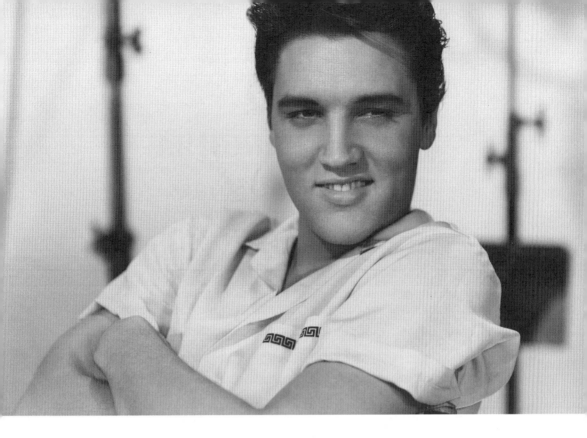

'disco de oro' incluso antes de ser lanzada al mercado. Ante este espectacular recibimiento comercial, los productores no quisieron perder la oportunidad de aprovechar la popularidad del «Love me tender» y, en un movimiento de última hora, cambiaron el título inicial del film por el de *Love me Tender*.

Olga Suanya

SWEET VIRGINIA
The Rolling Stones

Hundimiento del Titanic
(14 de abril de 1912)

A las 23:40h del 14 de abril de 1912 el Titanic, *el buque de la naviera White Star Line que realizaba su viaje inaugural entre Southampton y Nueva York como el transatlántico más grande del mundo, chocó contra un iceberg frente a las costas de Terranova. En menos de tres horas la nave se hundió en las profundidades del océano provocando la muerte de 1.513 personas y convirtiendo este naufragio en una de las mayores tragedias marítimas civiles.*

La primavera de 1971 los Rolling Stones se trasladaron a la Costa Azul francesa, huyendo del Ministerio de Hacienda británico. Estaban en un inmejorable momento artístico, pero a pesar de sus espectaculares cifras de ventas, la mala gestión los había llevado a la quiebra y cada uno de los músicos debía al fisco más dinero del que podía llegar a ganar por más discos que la banda lograra vender. En esta etapa francesa los Stones continuaron su vida de excesos y desenfreno. Pero también debían abordar la grabación de su nuevo disco y allí no contaban con estudios donde hacerlo. Así que decidieron improvisar una sala de grabación en el sótano de Villa Nellcôte, la mansión que Keith Richards había alquilado en la población de Villefranche-sur-Mer.

El edificio había sido construido en 1899 sobre las ruinas de una antigua batería militar y bautizado como Château Amicitia, nombre que mantuvo hasta que en 1916 la compró el multimillonario estadounidense Samuel Goldenberg, uno de los setecientos supervivientes del *Titanic*. Él y su esposa habían embarcado en el puerto normando de Cherbourg en una cabina de primera clase en dirección a Nueva York. Gracias a estos pasajes privilegiados, cuando cinco días después el transatlántico impactó contra el iceberg que lo acabaría hundiendo, el matrimonio pudo subirse a uno de los botes y ser rescatado por el *Carpathia* ocho horas después del impacto.

Equipada con 16 habitaciones, un extenso jardín y acceso directo al mar, aquel verano Villa Nellcôte pronto se convirtió en punto de encuentro de los componentes de los Rolling Stones. Desde allí salían a navegar hasta Mónaco o hasta Italia, en busca de un buen desayuno después de una noche de fiesta. Hacían tan a menudo esta ruta que la bautizaron como 'Main St.' (calle principal). De esta denominación, más la sensación de exiliados que tenían los miembros de la banda por haber tenido que irse del Reino Unido, surgió la idea de titular su nuevo disco *Exile on Main St.* (*Exilio en la calle principal*).

Durante aquellos meses, los músicos, sus familias, amigos y una gran diversidad de personajes pasaron por Villa Nellcôte. Las instalaciones no eran las más idóneas para la grabación de un álbum. Y el estilo de vida que imperó aquellos días en la residencia de Richards, sin reglas ni horarios y con un exceso de drogas y alcohol, tampoco ayudaba en las sesiones de trabajo. Pero aun así, los Stones consiguieron que de allí saliera un disco de 18 canciones, que para muchos es el mejor de la banda. Entre los temas que incluyeron había piezas nuevas, pero también maquetas descartadas de álbumes anteriores. Es el caso de «Sweet Virginia» una composición con la que homenajearon la música folk americana. Habían captado la influencia de este estilo en gran parte gracias a Gram Parsons, el cantante de The Flying Burrito Brothers y con quien Keith Richards había establecido una estrecha amistad, compartiendo experiencias artísticas pero también adicciones.

La visita de Parsons a Villa Nellcôte aquel verano ha quedado impregnada en el «Sweet Virginia» que salió de aquel sótano y en el que Parsons participó haciendo voces en los coros. También en la letra de la canción se percibe su influencia, a través de las referencias metafóricas pero también directas a las drogas y el alcohol. Pero los excesos del músico de Florida con ambos vicios eran tan desmesurados, que finalmente la convivencia con él se hizo insoportable incluso para Richards y lo acabó echando de la mansión. Dos años más tarde, Parsons moría de una sobredosis de heroína pocos días después de que los Stones sacaran al mercado el álbum que editaron después de *Exile on Main St.* y que titularon *Goats Head Soup*.

SWEET CAROLINE
Neil Diamond

Se produce un atentado en la Maratón de Boston
(15 de abril de 2013)

La de Boston es una de las maratones más importantes del mundo. Desde 1897 esta cita deportiva ha convocado anualmente a atletas dispuestos a recorrer por las calles de la capital de Massachusetts los 42,195 km de distancia de esta prueba. Pero de todas las ediciones, seguramente la más recordada es la de 2013 y no por sus resultados deportivos. Aquel domingo de abril, pocos minutos antes de las 15h, dos artefactos explosivos se detonaron a pocos metros de la línea de meta causando la muerte de tres personas y dejando 282 heridos.

De las muchas canciones de Neil Diamond, «Sweet Caroline» es sin duda la que más éxitos le ha reportado. La escribió para su esposa Marcia. Pero 'Sweet Marcia' no acababa de encajar en el estribillo que había compuesto. Necesitaba un nombre femenino de tres sílabas. Así que hizo una lista con todos los que se le ocurrieron y 'Caroline', que en aquella época estaba muy de moda gracias a Caroline Kennedy, fue el que más le gustó.

Presentada en 1969, la canción rápidamente llegó a las primeras posiciones de las listas de éxitos y durante las décadas siguientes fue versionada por más de una veintena de artistas. Lo que no se podía imaginar el cantante neoyorquino en aquel entonces es que el tema se acabaría convirtiendo en un himno deportivo. Y menos que lo sería del equipo de béisbol que es el eterno rival de los Yankees.

Todo comenzó en 1997 cuando Amy Tobey, una trabajadora de los Boston Red Sox encargada de poner la música en el estadio, la hizo sonar por megafonía en honor a una amiga suya que había tenido una niña llamada Caroline. La canción sonó entre la séptima y la octava entrada del juego y fue coreada por todo el público. Así que Tobey decidió que, siempre que el equipo estuviera ganando al llegar a ese momento del partido, la pondría. En poco tiempo, la afición del Fenway Park comenzó a considerar el tema como un amuleto de buena suerte y en 2002 el club la terminó adoptando como himno oficial. Desde entonces, cada vez que en un partido suena el coro principal de la canción con su inconfundible «Sweet Caroline good times never seemed so good» («Dulce Carolina, los buenos tiempos nunca parecieron tan buenos»), los seguidores del equipo corean el sonido de las trompetas y repiten el «so good» un total de tres veces.

Cuando el 15 de abril de 2013 dos bombas explotaron en la línea de meta de la Maratón de Boston causando 3 muertos y más de 200 heridos, el tema se convirtió en casi en un símbolo de la ciudad. Todo el mundo estaba consternado. Y cinco días después del atentado, Diamond apareció por sorpresa en el césped del Fenway Park e interpretó «Sweet Caroline» para una afición que, totalmente emocionada, la cantó con él entre la séptima y la octava entrada del partido que esa tarde jugaban los Red Sox en su estadio.

Más recientemente, Diamond quiso solidarizarse también con la crisis mundial generada por la pandemia del COVID19 adaptando la letra de «Sweet Caroline» a las recomendaciones de prevención de las autoridades sanitarias. Así, el cantante compartió un vídeo en sus redes sociales donde, en vez de los versos originales «Hands, touching hands. Reaching Out. Touching me. Touching You» («Manos tocando manos. Extendiéndose. Tocándome. Tocándote») cantaba «Hands, washing hands. Reaching Out. Do not touch me. I will not touch you» («Manos lavando manos. Extendiéndolas. No me toques. Yo no te tocaré»).

Olga Suanya

YOU'LL NEVER WALK ALONE
Gerry and the Pacemakers

Se estrena en Broadway el musical *Carousel*
(19 de abril de 1945)

En 1945 el letrista Oscar Hammerstein y el compositor Richard Rodgers escribieron su segundo musical. Era la adaptación de una pieza teatral de 1909 del escritor húngaro Ferenc Molnar titulada Liliom *y que, trasladando el escenario del argumento de Budapest en la costa de Maine, titularon* Carousel. *El espectáculo tuvo una muy buena acogida en su estreno en Broadway, un éxito que repitió cuando llegó a los teatros del East End de Londres y, aún más, cuando en 1956 se hizo la versión cinematográfica. El libreto de esta obra relata la historia de amor entre el trabajador de una atracción de feria y una*

molinera. Y en su repertorio musical se incluyen canciones como «If I Loved You», «June is Bustin Out All Over» o, la más conocida, «You'll Never Walk Alone».

A lo largo de su historia, este tema ha sido interpretado por artistas como Elvis Presley, Johnny Cash o Frank Sinatra, que lo situó en lo alto de las listas de éxitos estadounidenses. Pero quien realmente le dio a la canción la dimensión que tiene hoy fue el grupo de Liverpool Gerry & The Pacemakers, que en 1960 modificó la letra y logró convertirla en todo un número 1 de los rankings británicos en octubre de 1963.

El tema se hizo tan popular gracias a esta versión que el equipo de fútbol local lo adoptó como himno y es la canción que sus aficionados interpretan siempre justo antes del sonido del silbato que marca el inicio de cada partido. La popularidad de la pieza está tan arraigada al Liverpool FC,

que la frase «You'll never walk alone» («nunca caminarás solo») incluso se ha incorporado a su escudo. Los cánticos de The Kop, que es el nombre con el que se conoce a la grada de seguidores de este club inglés, siguiendo al unísono la música que se escucha por los altavoces del estadio, es una imagen que se ha convertido en todo un clásico de Anfield. Una de las escenas más emotivas es la que se produjo en abril de 2010 en recuerdo de los 25 años de la tragedia de Hillsborough, donde 96 personas perdieron la vida aplastadas a causa de un alud humano. La tragedia tuvo lugar durante un partido entre el Liverpool y el Nottingham correspondiente a las semifinales de la Copa de Inglaterra. Todas las víctimas mortales eran aficionadas del Liverpool y con este homenaje a sus compañeros de grada la afición de Anfield puso la piel de gallina a medio mundo.

Olga Suanya

ME AND BOBBY MCGEE
Janis Joplin

Se estrena *La Strada* de Federico Fellini
(21 de abril de 1957)

El 21 de abril de 1957 La Strada de Federico Fellini llegaba a los cines españoles. Producida por Dino De Laurentiis y Carlo Ponti y con Anthony Quinn y Giulietta Masina, como actores principales, está considerada como una de las obras cumbre del período neorrealista del director y la película que le otorgaría un sólido prestigio internacional. La película relata la historia de un artista ambulante sin escrúpulos que se gana la vida llevando pequeños espectáculos circenses por los pueblos de la empobrecida Italia de los años cincuenta.

Aunque fue Janis Joplin quien la hizo famosa, «Me and Bobby McGee» es un tema compuesto por Kris Kristofferson en 1969. En aquella época Kristofferson se ganaba la vida haciendo de piloto de helicóptero para una petrolera, un trabajo que combinaba con su pasión por hacer canciones. Un día recibió la llamada de Fred Foster, fundador de la discográfica con la que colaboraba, comentándole que tenía una propuesta de título para que trabajara una pieza. Foster le contó que había conocido una chica llamada Barbara 'Bobby' McGee y que le había parecido interesante el hecho de que este nombre pudiera referirse tanto a un hombre como a una mujer, ya que el nombre de 'Bobby' así lo permitía. Kristofferson, que entendió mal el apellido, aceptó el encargo y estuvo algunos días dándole vueltas a lo largo de sus trayectos aéreos entre Baton Rouge y Nueva Orleans.

Por la cabeza le rondaba la música de una canción de Micky Newbury llamada «Why You Been So Long» pero no acababa de resolver cómo abordar la letra. Hasta que al fin encontró la inspiración. Fue al recordar una película de Federico Fellini que había visto unos años antes: *La Strada*. Concretamente la escena en la que Anthony Quinn y Giulietta Masina van en moto acompañados por la melodía que ella siempre hace sonar con su trombón. Esta imagen sirvió a Kris Kristofferson para crear la historia de los protagonistas de «Me and Bobby McGee»: una pareja de jóvenes sin muchos recursos que recorren juntos el país el escuchando canciones y compartiendo buenos y malos momentos.

La primavera de 1969 Roger Miller grabó la canción y tuvo cierto éxito con ella. Pero no fue hasta después de dos años que el tema consiguió situarse en lo alto de todas las listas, al publicarse de manera póstuma la versión que Janis Joplin grabó días antes de morir. Joplin y Kristofferson se habían conocido a finales de junio de 1971 y desde el primer momento se entendieron muy bien. Ambos eran de Texas y su afición por las fiestas y el alcohol era un punto de encuentro fácil entre ambos.

Después del verano, Janis Joplin se encerró con los Full Tillt Boogie Band en un estudio de Los Ángeles para grabar su nuevo disco. La cantante decidió dar una sorpresa a Kristofferson grabando una versión acústica de «Me and Bobby McGee». Pero la muerte por sobredosis de Joplin pocas semanas más tarde dejó el álbum inacabado. No fue hasta al cabo de unos meses, cuando la discográfica lo publicó, que Kristofferson descubrió que dentro de *Pearl* su amiga le había dejado este emotivo regalo de despedida.

THE FOGGY DEW
Sinéad O'Connor & The Chieftains

Estalla el Easter Uprising irlandés
(24 de abril de 1916)

El Easter Uprising irlandés fue un alzamiento fue organizado por parte de republicanos irlandeses con el objetivo de acabar con el dominio británico en la isla, aprovechando que el Reino Unido se encontraba inmerso en la Primera Guerra Mundial. Comenzó el lunes de Pascua y se prolongó cinco días, durante los cuales miembros de diferentes hermandades republicanas, voluntarios, activistas e incluso un pequeño ejército ciudadano ocuparon varios emplazamientos del centro de Dublín y proclamaron la República Irlandesa. La superioridad numérica y de artillería del ejército británico se impuso y finalmente obligó  *a los líderes de la revuelta a aceptar una rendición incondicional. La mayor parte de ellos fueron ejecutados después de ser sometidos a juicios marciales, pero los hechos de aquellos días consiguieron volver a situar el republicanismo al frente de la política irlandesa y dar visibilidad internacional a esta causa.*

«The Foggy Dew» es una balada que relata el Easter Rising, la revuelta popular que se produjo en Irlanda durante la Pascua de 1916 y que precedió a la declaración de independencia del país tres años más tarde. Concebida como un homenaje que recoge la épica de aquel levantamiento, se ha convertido en todo un himno de la causa irlandesa y un referente en muchos movimientos de reivindicación nacional.

El autor del tema es Charles O'Neill, un joven sacerdote del condado de Antrim, que en enero de 1919 asistió a la primera sesión del parlamento irlandés tras la declaración de independencia. El clérigo quedó fuertemente impresionado cuando, al leer la lista de los miembros de la cámara, se declaró que 34 de ellos no se encontraban en la sala porque estaban prisioneros en Londres. Y tal y como llegó a casa, escribió «The Foggy Dew» en memoria de todos los que perdieron la vida luchando por la libertad.

La letra de O'Neill se incorporó a la melodía de un viejo cántico popular titulado «Banks of the Mourlough Side» y se editó a finales de año. Como autor firmante del tema aparecía Iascar, que es el seudónimo que se eligió para proteger la identidad del padre. Y es que «The Foggy Dew» es un sentido homenaje a todos los que murieron durante el levantamiento de Pascua, pero también una dura crítica a los más de 200.000 irlandeses, que durante la Primera Guerra Mundial se alistaron al ejército británico luchando por el rey inglés, en vez de hacerlo por la República irlandesa. Esta diferenciación de trato entre ambos tipos de combatientes ha estado presente desde entonces en el transcurso de la historia de este país, ya que los que se fueron para participar en la Gran Guerra fueron olvidados a favor de los que cayeron durante el Easter Uprising.

Además de la interpretación que Sinéad O'Connor hizo con The Chieftains, «The Foggy Dew», ha sido versionada por varios grupos irlandeses como The Dubliners o The Wolfe Tones.

Olga Suanya

REHAB
Amy Winehouse

Se cierra la clínica The Causeway Retreat
(29 de abril de 2010)

The Causeway Retreat, fue un centro situado en la isla de Osea,  *en el sureste del Reino Unido donde, por 10.000 libras esterlinas a la semana, ofrecían terapias para combatir adicciones a todo tipo de drogas y al alcohol. La clínica era una preciosa casa señorial de principios del S.XX rodeada de un amplio entorno exterior. De hecho, la vendían como la primera y única isla del mundo dedicada al tratamiento de la adicción y los problemas de salud mental. Pero detrás de estos atractivos argumentos comerciales, The Causeway Retreat ocultaba algunas irregularidades y una gestión poco transparente. Las denuncias de algunos pacientes hicieron que el área de Salud del gobierno británico abriera una investigación de la clínica y que en abril de 2010 ordenara su cierre.*

La carrera de Amy Winehouse fue tan corta como intensa. Su voz excepcional la convirtió en una de las vocalistas referentes de los últimos tiempos.

Su relación con el actor Blake Fielder-Civil fue uno de los elementos que marcó la tormentosa vida de Winehouse. Se conocieron en 2005 en un bar de Londres y durante unos meses vivieron un intenso romance. Cuando antes de terminar el año él decidió abandonarla para volver con su antigua novia, la cantante quedó destrozada y con el nombre de 'Blake' tatuado a la altura del corazón. Aquel bache la hundió en una depresión que deterioró mucho su estado de salud. Fueron unos meses muy duros para ella pero finalmente se recuperó y la primavera de 2006 se encontró bastante bien para grabar su segundo y último álbum, un trabajo que tituló *Back to Black* y que, con este juego de palabras, dedicó a Blake.

El disco y su sencillo principal «Rehab» fueron todo un éxito y su excelente acogida coincidió con un período de buena salud física y emocional de Winehouse. Fue uno de los mejores años de su corta carrera. *Back to Black* fue número uno en el Reino Unido, disco de platino en Estados Unidos y, gracias a este trabajo, la cantante ganó el Brit Award como mejor artista británica y cinco premios Grammy. Pero el reencuentro con quien consideraba el hombre de su vida la hizo volver a caer en una espiral negativa. Amy y Blake se casaron en Miami en mayo de 2007 y desde entonces la cantante comenzó a consumir drogas duras a las que él ya era adicto.

Con «Rehab» la cantante triunfaba con su negativa a someterse a un proceso de desintoxicación, pero su dependencia era tan grande que finalmente tuvo que ceder. En agosto de 2007 ella y su marido ingresaron en una clínica para empezar un programa de desintoxicación. La institución que eligieron para el tratamiento fue The Causeway Retreat.

Amy Winehouse superó el tratamiento recibido en The Causeway Retreat, pero todavía ingresaría hasta tres veces más en diferentes centros de desintoxicación en los cuatro años siguientes. Su divorcio de Blake Fielder-Civil en julio de 2009 la volvió a sumir en una grave depresión que la llevó de nuevo a sufrir desórdenes alimentarios y a recaer en el abuso de las drogas y el alcohol. Fueron dos años muy críticos y fluctuantes, y con cada recaída su deterioro físico y mental se agravaba cada vez más. Al final, la cantante no fue capaz de afrontarlo y el 23 de julio de 2011 fue encontrada muerta en su casa de Londres. Le faltaban dos meses para hacer 28, así que el Club de los 27 incorporaba un nuevo nombre a su maldita lista de jóvenes músicos que no superaron esta edad.

HOTEL CALIFORNIA
The Eagles

Anton Szandor LaVey publica *La Biblia Satánica*
(30 de abril de 1969)

La Biblia Satánica es la obra que recoge los fundamentos ideológicos, ensayos y rituales en los que se basa todo el movimiento existencialista de la Iglesia de Satán. Creada por Anton Szandor LaVey, esta organización es la primera de la historia abiertamente dedicada a venerar lo que sus adeptos consideran la verdadera naturaleza del hombre: una bestia carnal, que vive en un cosmos que se rige por las fuerzas oscuras.

Los intentos para introducir pactos con el diablo en la biografía de músicos o para asociar la presencia de Satán en sus creaciones ha sido una constante en la historia. Suelen ser teorías basadas en especulaciones no contrastadas pero que se extienden de forma exponencial hasta formar parte del imaginario colectivo. Y es que las ganas de ver conexiones entre el mundo de la música y las fuerzas del mal ha sido siempre muy golosa, ya sea por la prodigiosidad del talento de un autor, por el extraordinario éxito de una pieza o por el misterioso significado de sus versos. Es precisamente en este último contexto que se escribe una de las leyendas que ha acompañado a lo largo de más de cuatro décadas en el tema más famoso de The Eagles.

Presentada como single del álbum del mismo nombre en febrero de 1977, «Hotel California» es una composición de Don Felder con letra de Don Henley y Glenn Frey. La ambigüedad del relato que recoge su letra ha originado diversidad de interpretaciones. De todas ellas, la que se despliega para conectarla con el entorno satánico es una de las más curiosas. El eje vertebrador de esta vinculación recae en la figura de Anton Szandor LaVey, creador de la Iglesia de Satán.

Las conexiones entre «Hotel California» y LaVey comienzan con el título, ya que se ha especulado que éste estaría inspirado en la dirección donde fundó

la Iglesia de Satán: la avenida California de San Francisco. También en la parte gráfica del disco se han querido encontrar un par de elementos que sustentaran esta teoría. El primero es el edificio que se escogió para la portada del disco: el hotel Beberly Hills de Sunset Boulevard, y que era un punto de reunión habitual de los fieles de esta doctrina. El segundo, reside en la fotografía interior del álbum, hecha en otro hotel, el Lido de Hollywood, y donde se ve una multitud de gente entre la que hay un hombre calvo con perilla, que algunos han identificado como Anton LaVey.

Pero es en la letra del tema donde encontramos las referencias más citadas partir de las que se ha intentado construir esta teoría sobre las connotaciones satánicas que esconde «Hotel California». El protagonista de la canción llega a un establecimiento tan misterioso que tanto podría ser el cielo como el infierno. La mujer que lo recibe se interpretaría como la sacerdotisa que le iniciaría en los preceptos de la Iglesia de Satán. Y las voces que se oyen desde el fondo del pasillo dándole la bienvenida, provendrían del resto de fieles acogiéndolo en su congregación. Cuando estas mismas voces lo despiertan a medianoche, se acerca al bar, pide vino (que podría interpretarse como la sangre de Cristo) y el camarero le responde que no tienen alcohol desde 1969, que es la fecha en que LaVey publicó *La Biblia Satánica*.

Finalmente, y para terminar de cerrar este listado de indicios que convertían «Hotel California» en un altavoz de los preceptos de la Iglesia de Satán, se extendió la idea de que en la segunda estrofa de la canción se escondía una referencia directa al diablo. Este mensaje oculto que sólo podría escucharse reproduciendo el vinilo al revés se encuentra en el verso «This could be heaven or this could be hell» («podría ser el cielo o el infierno») y que invertida sonaría como «Yeah, Satan. How he organized his own religión» («Sí, Satanás. Cómo organizó su propia religión»).

Tengan fundamento o no, todas estas especulaciones forman parte ya de la historia del enigmático hotel, en el que, como reza en el último verso, es difícil no quedar atrapado: «You can check out any time you like but you can never leave» («puedes hacer *check out* cuando quieras, pero nunca podrás irte»).

PERSONAL JESUS
Depeche Mode

Olga Suanya

Se celebra la boda de Priscilla y Elvis Presley
(1 de mayo de 1967)

Priscilla Ann Beaulieu Wagner conoció a Elvis Presley cuando apenas tenía 14 años. Era el verano de 1959 y él estaba terminando su servicio militar en Wiesbaden, una ciudad del suroeste de Alemania donde ella se había trasladado hacía tres años con su familia. Fue un amor a primera vista, pero la diferencia de edad entre ambos hizo que tuvieran que empezar a salir a escondidas. Cuando Elvis volvió a Estados Unidos y retomó su carrera musical y cinematográfica, la pareja continuó manteniendo el contacto telefónicamente. Y no fue hasta el 1962, que ella pudo viajar a Los Ángeles para que pudieran pasar  *unas semanas juntos. Al cabo de un año, y a petición del cantante, los padres de ella accedieron a que la chica se instalara en Graceland, la mansión donde Elvis vivía desde 1957, con la condición de que ella terminara sus estudios de secundaria y que él se comprometiera a casarse con la joven.*

Elvis y Priscilla vivieron casi una década en una situación que hoy hubiera sido todo un escándalo. De día, la chica asistía a clase en una escuela de católica de secundaria de Memphis. De noche, acompañaba a Elvis a fiestas en las que no faltaban las drogas y el alcohol. Finalmente, el primero de mayo de 1967, cuando faltaba sólo un mes para que Priscilla cumpliera los 22, la pareja se casó en una suite del hotel Aladdin de Las Vegas. Justo nueve meses más tarde, nacía Lisa Marie, la única hija que tuvieron y comenzaba el declive del matrimonio.

Si se toma la letra literalmente, podría ser considerada una blasfemia. Pero lejos de esta interpretación, «Personal Jesus» es un tema con el que el líder de Depeche Mode quiso abordar el tema de cómo a menudo se idealizan y se convierten casi en dioses a las personas con las que se mantiene una relación amorosa. Pero ¿de dónde le vino esta idea a Martin Gore a la hora componer la canción? Pues de la relación entre Elvis Presley y su esposa Priscilla. De hecho, de una expresión que ella publicó en *Elvis and Me* (*Elvis y yo*), el libro que escribió en 1985 sobre su vida con el Rey del rock.

Cuando Elvis se casó con Priscilla ya tenía problemas con las drogas y parece que mucha tendencia a tener encuentros furtivos con jovencitas, dos aficiones que distanciaron a la pareja y que desencadenaron algunas situaciones comprometidas. Según la biografía del Rey del rock que escribió Joel Williamson, una «violación conyugal» habría sido el hecho que de forma humillante habría puesto fin a la relación entre ambos. En verano de 1973 el matrimonio terminó con un divorcio muy mediático, a partir del cual empezó la espiral autodestructiva de Elvis, que cinco años más tarde moriría a causa de un infarto.

En *Elvis and Me*, Priscilla cuenta qué fue Elvis para ella, aparte de su hombre y su mentor. Y, en un sentido figurado, se refiere a él como «su propio Jesús personal». Esta expresión captó la atención de Martin Gore mientras leía el libro. Y a partir de la reflexión del concepto, escribió los versos de la que sin duda es una de las canciones más exitosas de Depeche Mode. «Personal Jesus» comenzó a sonar en las radios en 1989, antes de su lanzamiento en una campaña promocional, con anuncios insertados en periódicos del Reino Unido con la frase «Your Own Personal Jesus» («tu propio Jesús personal») y donde aparecía un número de teléfono que se podía marcar para escuchar la canción. La temática de la letra generó un escándalo previsible que ayudó sin duda a propulsar el tema hasta convertirse en uno de los éxitos más grandes de ese año y en el sencillo en formato de 12 pulgadas más vendido hasta entonces por parte de Warner Bross Records. Que se incluyera dentro de un álbum titulado *Violator* no hace más que añadir polémica en la historia.

Olga Suanya

OHIO
Crosby, Stills, Nash & Young

Se produce una masacre en la Universidad Estatal de Kent
(4 de mayo de 1970)

En noviembre de 1969, en plena Guerra de Vietnam, las terribles imágenes de la matanza de My Lai perpetrada por una unidad militar de Estados Unidos dieron la vuelta al mundo generando una gran indignación y haciendo crecer la oposición al conflicto. Y el rechazo de la población americana no hizo más que aumentar cuando a los pocos meses el presidente Richard Nixon comunicó el primer sorteo para el reclutamiento de civiles. Muchos ciudadanos, pero sobre todo estudiantes y profesores, empezaron a movilizarse para mostrar su total desacuerdo con la participación americana en aquella guerra. En las universidades de todo el país estallaron protestas de costa a costa en un movimiento que se bautizó como nation-wide student strike (una huelga de estudiantes por toda la nación) y que tuvo su punto álgido cuando a finales de abril Nixon inició la invasión de Camboya.

Al día siguiente del anuncio de la ofensiva, un grupo formado por medio millar de estudiantes de la Universidad Estatal de Kent se concentró en el campus para expresarse en contra. Llegada la medianoche, las manifestaciones pacíficas dieron paso a una serie de disturbios que se extendieron por el centro de la ciudad. Durante todo un fin de semana se produjeron enfrentamientos entre los jóvenes y los efectivos policiales, que contaron con el refuerzo de un millar de efectivos de la Guardia Nacional de Ohio. Al tercer día de altercados se decretó el estado de emergencia y el toque de queda en toda la población. Pero esta situación excepcional no evitó que el lunes 4 de mayo, tal y como estaba previsto, una nueva manifestación reuniera a 2.000 estudiantes en el campus para protestar por la participación estadounidense en el conflicto del sudeste asiático. La Guardia Nacional se acercó en formación para tratar de disolverlos, pero los jóvenes les contestaron a pedradas. En un segundo intento usaron gases lacrimógenos, pero la ventolera se los envió de vuelta. Así que lo probaron una tercera vez, con un despliegue de setenta y siete efectivos que avanzaron hacia los manifestantes disparando con sus armas de fuego contra los estudiantes. Cuatro de ellos cayeron muertos y ocho resultaron heridos.

Los hechos ocurridos en Kent aquel 4 de mayo sacudieron la opinión pública de todo el país. Y cinco días después de los incidentes, cerca de 100.000 personas se concentraron en Washington para protestar por el asesinato de los estudiantes y reiterar su oposición a la política bélica del gobierno de Nixon. Este fue un punto de inflexión importantísimo del conflicto y ha quedado recogido en diferentes obras literarias, cinematográficas y musicales. «Ohio» es una de ellas.

La escribió Neil Young después de ver las fotos de la masacre en la revista *Life* y en sólo diez días entraba a grabarla en el estudio con David Crosby, Stephen Stills y Graham Nash. Young hacía pocos meses que se había incorporado a la banda, con quien acababa de lanzar el álbum *Déjà Vu*. Pero «Ohio» gustó tanto a la discográfica que decidió presentarla ese mismo mes de junio. El sentimiento que los músicos pusieron en ese homenaje a las víctimas de Kent quedó grabado no sólo en su interpretación sino también en la grabación, en la que se puede escuchar a David Crosby gritando al final de la canción: «Four, why? Why did they die? How many more» («Cuatro, ¿por qué? ¿Por qué murieron? ¿Cuántos más?»).

La letra del tema expresa la indignación por la muerte de los jóvenes y responsabiliza de ello directamente a Richard Nixon. Esta acusación con mención directa al presidente americano hizo que algunas emisoras de radio prohibieran la canción. Pero ni esta censura pudo evitar que «Ohio» se convirtiera en un tema de gran éxito, ni que con él se situara a Crosby, Stills, Nash and Young como todo un símbolo de la contracultura americana de los años setenta.

HURRICANE
Bob Dylan

Nace el boxeador Rubin Carter
(6 de mayo de 1937)

En junio de 1966 el boxeador Rubin Carter y su amigo John Artis fueron detenidos como sospechosos de un triple asesinato ocurrido en el Bar Lafayette de New Jersey. Pocos meses más tarde, un juicio lleno de irregularidades y prejuicios raciales, con un jurado formado exclusivamente por blancos, lo condenó a tres cadenas perpetuas.

La juventud de Carter había estado marcada por un historial de entradas en reformatorios y cárceles por asaltos y pequeños robos. Y en este contexto, su entrada en el mundo profesional del boxeo parecía que podía ser el elemento que le ayudase reconducir esta trayectoria. Desde 1961 y hasta la acusación por asesinato, Carter luchó en los rings como peso medio compitiendo por el título mundial, un hito que nunca llegó a conseguir. La agresividad con que ganaba los combates por KO le valió el apodo de 'Hurricane' (Huracán).

El caso de la condena de Rubin Carter se gestionó de forma discreta. Y de hecho, su historia no tuvo demasiado eco hasta 1974, cuando el boxeador logró publicar su autobiografía que escribió entre rejas. La difusión de *The Sixteenth Round* (*El decimosexto asalto*) atrajo la atención de Bob Dylan, que en ese momento volvía a estar de gira con The Band, después de ocho años sin pisar los escenarios. El cantautor se interesó por el caso de Carter y se desplazó hasta la cárcel para reunirse con él y conocer de primera mano su versión. Convencido de su inocencia y de la gran injusticia que se había cometido con él, organizó varios conciertos benéficos para exponer su situación y ayudar a difundirla. Pero el elemento que definitivamente le dio máxima repercusión al tema fue la edición de «Hurricane», la canción que Dylan escribió el verano de 1975 y donde relataba la historia de Rubin Carter.

La publicación del tema en *Desire* en enero de 1976 dio al caso toda la atención mediática que le había sido negada. La popularidad de «Hurricane» originó todo un movimiento ciudadano para apoyar a Carter y que contó con el apoyo del campeón del mundo de boxeo Muhammad Ali. Fruto de esta presión social se

consiguió que se iniciara un segundo proceso judicial que, tras diferentes apelaciones y tribunales, finalmente demostró la inocencia de Carter y que en 1985 le dio la libertad de la que estuvo privado durante 19 años por un delito que, como dice la canción, él nunca cometió.

83

SAILING TO PHILADELPHIA
Mark Knopfler

Nace el novelista Thomas Ruggles Pynchon
(8 de mayo de 1937)

En 1997 Thomas Ruggles Pynchon, uno de los grandes escritores estadounidenses del siglo pasado, publicaba Mason y Dixon. *Era su quinta novela y en ella recogía la historia de Charles Mason y Jeremiah Dixon, un astrónomo y un topógrafo británicos que a finales del S.XVIII se encargaron de trazar la línea de demarcación entre los estados americanos de Maryland y Pensilvania. En honor a ambos, esta franja de separación ha quedado bautizada como la Línea Mason-Dixon.*

Charles Mason y Jeremiah Dixon fueron enviados al Nuevo Continente por la Corona Británica en 1763 con el objetivo de fijar con precisión milimétrica la frontera entre estos dos territorios, en un último intento de resolver una disputa colonial que hacía más de cuarenta años que se arrastraba. Cuando en 1780 se abolió la esclavitud en Pensilvania, esta división cobró un significado especial, y todavía hoy simboliza en el imaginario popular del país la fractura cultural que separa los estados del Norte de los del Sur.

Pynchon tardó más de 20 años en documentar la vida de Mason y Dixon y recogerla en este libro que relata las peripecias de los dos ingleses para cumplir la misión que les había sido encargada. El resultado es un retrato épico y paródico ambientado en una Norteamérica prerevolucionaria, con indios feroces y colonos agrestes que cautivó a Mark Knopfler cuando la leyó en 1998. El ex líder de Dire Straits, que en ese momento preparaba el material de su segundo disco en solitario, cogió la historia de Mason y Dixon y la convirtió en «Sailing to Philadelphia», el segundo tema del disco que publicó en el año 2000 con este mismo título.

La letra de la canción narra la historia de estos dos personajes en primera persona y de manera alternada en forma de diálogo. Knopfler interpreta el papel de Dixon mientras que James Taylor, a quien el guitarrista de Glasgow le pidió participar en este proyecto, es quien pone voz a Mason. En el intercambio de comentarios entre ambos, se relata la relación entre los dos científicos y las situaciones que se van encontrando durante su misión mientras avanzan de oeste a este. El tema termina justo cuando llegan a la Bahía de Delaware, cerca de Philadelphia, que es la ciudad donde Mason y Dixon empezaron su aventura recién llegados desde Inglaterra y que Mark Knopfler convirtió en destino final de esta canción.

MAN ON THE MOON
R.E.M.

Muere el humorista e imitador Andy Kaufman
(16 de mayo de 1984)

Aunque a menudo se le ha definido como un comediante, *Andy Kaufman se describía a sí mismo como un «hombre de* *la canción y el baile» que lo único que pretendía era entrete-* *ner lo mejor que sabía. Tras su debut en 1975 en el programa* *Saturday Night Live de la NBC haciendo un playback de la* *canción «Mighty Mouse», comenzó una serie de apariciones* *en el programa de variedades Van Dyke and Company que* *se emitía en la misma cadena y entre finales de los setenta y* *principios de los ochenta se convirtió en un personaje habi-* *tual de la escena humorística. Su repertorio de personajes in-* *terpretados con un enfoque singularmente contraintuitivo de la comedia* *y su predisposición a provocar reacciones negativas y confusas le acom-* *pañó a lo largo de su corta carrera artística.*

Esta es la historia de una doble teoría del engaño: el de la llegada del hombre a la Luna y el de la muerte del humorista e imitador estadounidense Andy Kaufman. Y es que ambas aparecen referenciadas en «Man on the Moon», uno de los grandes éxitos de R.E.M. La banda liderada por Michael Stipe editó este tema en 1992 como segundo sencillo de *Automatic for the People*, su octavo álbum de estudio, y desde entonces se ha convertido en uno de los más aclamados de la formación hasta su disolución en 2011.

En el marco de la Guerra Fría y la carrera espacial entre las dos superpotencias del momento, fueron muchas voces que construyeron todo tipo de argumentos para defender que en 1969 no se llegó a la Luna y que todo fue fruto de un montaje de la NASA obedeciendo órdenes del gobierno estadounidense. La letra de «Man on the Moon» recoge este supuesto montaje pero en ella se encuentran también referencias a la teoría que sostiene que Andy Kaufman falsificó su muerte la primavera de 1984. «If you believe there's nothing up his sleeve, then nothing is cool» («si crees que no hay nada bajo su manga, entonces nada está bien») canta Stipe en uno de los versos en alusión a esta suposición sobre el pretendido engaño del artista. Previamente, al inicio de la canción, lo cita en referencia a las bromas e imitaciones que Kaufman hizo de Elvis Presley y de profesionales de la lucha libre como Fred Blassie o Jerry Lawler.

El cantante de R.E.M. explicó que es fan de Kaufman desde que, siendo un adolescente, lo vio por primera vez en el programa televisivo Saturday Night Live. El cómico nació en Nueva York en 1949 y se hizo muy popular como uno de los principales exponentes de un movimiento que se conoció como 'anti-humor', formado por artistas que no se consideraban graciosos. Sus imitaciones comenzaron a tener mucho éxito y a principios de los ochenta su nombre ya era muy aclamado entre el público americano. De forma inesperada, sin embargo, el 16 de mayo de 1984 se comunicó su muerte a causa de un severo cáncer de pulmón que le provocó una metástasis.

El repentino fallecimiento de Kaufman generó una espesa niebla de sospecha que terminó creando toda una rumorología que cuestionaba que realmente el actor hubiera traspasado. La leyenda urbana que se extendió por todo el país decía que Kaufman habría fingido su muerte para retirarse y poder llevar una vida tranquila lejos de la presión del público, pero que volvería a los escenarios al cabo de veinte años. Pero todos los que creyeron en esta teoría tuvieron que admitir su error cuando en 2004 este retorno no se produjo. El recuerdo de su figura pues ha quedado inmortalizado en el tema de R.E.M. y en la película *Man on the Moon* que Milos Forman dirigió inspirándose en esta canción y de la que, lógicamente, también forma parte de la banda sonora.

Olga Suanya

IT'S A HARD LIFE
Queen

Se estrena la ópera *Pagliacci* del compositor Ruggero Leoncavallo
(21 de mayo de 1892)

Pagliacci es una ópera trágica del compositor napolitano Rug-
gero Leoncavallo y que relata una historia de amores e infide-
lidades en el marco de la representación de una compañía de
cómicos ambulantes. Leoncavallo la escribió a finales del S.XIX
inspirándose en la Cavalleria Rusticana *de Pietro Mascagni y,*
desde que se estrenó en mayo de 1892 en el Teatro dal Verme
de Milán, es habitual que ambas óperas se representen en un
programa doble.

Como gran apasionado de la ópera que fue, Freddie Mercury recurrió a diferentes elementos de este género musical en algunas de sus composiciones. Y probablemente uno de los temas que mejor lo ejemplifica es «It's a Hard Life», una pieza inspirada *Pagliacci*.

Pero ¿en qué elementos de este *Pagliacci* se inspiró Freddie Mercury para escribir «It's a Hard Life?» Básicamente dos. El primero lo encontramos en la intro de veinte segundos que precede la entrada del piano y la voz de Mercury y que está basada en el aria más famosa de esta ópera y que se conoce como Vesti La Giubba. Esta pieza escrita para tenor con que termina el primer acto, es la que recoge el momento en que Canio, el cómico protagonista, descubre la infidelidad de su esposa mientras debe prepararse para hacer el espectáculo de ese día. El segundo es la ambientación que se eligió para el videoclip de presentación de la canción y que intenta recrear el set de esta ópera. Toda la idea creativa fue obra del líder de Queen y supuso una gran inversión en actores, escenografía y elementos de *atrezzo*. Se rodó en Munich lo largo de dos días en que los músicos se convirtieron en artistas operísticos, ataviados con vestuarios extravagantes. La guitarra que toca Brian May, con una caja en forma de calavera y un mástil en forma de hueso que era prácticamente imposible de tocar, se construyó a medida en Japón expresamente para la grabación.

El tema se lanzó el verano de 1984 como tercer sencillo del álbum *The Works*, y siguió la estela de éxito que tres meses antes ya había tenido «I Want to Break Free». Brian May y Roger Taylor explicaron en una entrevista que ésta era una de las canciones favoritas de Freddie Mercury. Lo que es evidente es que con ella el cantante pudo hacer un homenaje al género operístico del que era tan fan. Cuatro años más tarde, sin embargo, el líder de Queen tuvo una nueva oportunidad de interactuar con ella, cumpliendo uno de sus sueños: grabar un tema con Montserrat Caballé.

Mercury era un devoto admirador de la soprano desde que la había visto por primera vez en una representación de la ópera de Verdi *Un ballo in maschera*. Desde entonces, al músico le rondaba por la cabeza escribir algún tema para dedicarle y finalmente en marzo de 1987 grabó una maqueta y se la llevó personalmente. Caballé quedó impresionada con la melodía y accedió a grabar un disco con él en forma de dúo. El tema principal de este trabajo y que dio nombre del álbum fue «Barcelona», una canción que se convirtió en la oficial de los Juegos Olímpicos que se celebraron en la capital catalana en 1992. Desgraciadamente los dos artistas no pudieron interpretarla juntos el día de la inauguración de los Juegos, ya que Mercury murió siete meses antes a causa de una bronconeumonía complicada por el SIDA.

Olga Suanya

DON'T LOOK BACK IN ANGER
Oasis

Se produce un atentado en el Manchester Arena
(22 de mayo de 2017)

El 22 de mayo de 2017 más de 18.000 personas llenaban el Manchester Arena. La mayoría eran niños y adolescentes acompañados de sus padres que habían ido a al concierto de la gira Dangerous Woman *de la cantante estadounidense Ariana Grande. A las 22:33, justo cuando al finalizar el espectáculo y mientras los asistentes empezaban a salir del recinto, se produjo una explosión en el área del vestíbulo que causó la muerte de 22 personas y dejó a 116 heridas. Al día siguiente, Estado Islámico reivindicó la autoría de la masacre, convirtiendo así este ataque en el atentado terrorista más mortífero en el Reino Unido desde las explosiones de Londres en julio de 2005.*

En los días siguientes se organizaron varios encuentros ciudadanos para manifestar el luto y la solidaridad con las víctimas de aquella terrible tragedia. En una de ellas, de forma espontánea, una mujer rompió el silencio que reinaba en aquella concentración cantando las primeras estrofas de «Don't Look Back in Anger». Fue avanzando por los versos de este reconocidísimo tema de Oasis y poco a poco se le fueron añadiendo diferentes personas hasta que, al llegar al estribillo, la mayoría de los asistentes se le unieron para acompañarla interpretando la canción una sola voz. Poco podían imaginar los hermanos Gallagher cuando escribieron este tema en 1995, que acabaría convirtiéndose en un himno por la paz y de rechazo a la vio-

lencia surgido en su ciudad natal gracias al mensaje de su título y que invita a no mirar atrás con ira.

Noel y Liam Gallagher editaron «Don't Look Back in Anger» en febrero de 1996 como quinto tema de su segundo álbum *(What's the Story) Morning Glory?* La canción relata la historia de Sally, una mujer que recuerda su vida sin ningún remordimiento. Noel Gallagher explica que la escribió saliendo de un club de striptease. Y algunos fans tienen la teoría que se refiere a Sally Cinnamon, la protagonista de la canción de Stone Roses, otra formación musical surgida también en Manchester a finales de los ochenta y que, como Oasis, bebió mucho de la influencia de los Beatles. Pero los hermanos Gallagher nunca lo han llegado a confirmar.

Fuera quien fuera la musa inspiradora del tema, en una entrevista de radio en 2006, Liam Gallagher explicó que, aunque la letra era de su hermano, fue él quien propuso la construcción final del estribillo. Fue cuando ya estaban haciendo las pruebas de sonido en el estudio. Noel estaba cantando aquel trozo con otra letra y a Liam le pareció que decía «So Sally can wait». Al preguntarle y Noel decirle que no, le sugirió que quizás es como debería probar. Y no sólo le hizo caso, sino que esta fue la frase que finalmente quedó registrada para la posteridad y que ha convertido el verso que encabeza el estribillo de «Don't Look Back in Anger» en el himno de toda una generación.

DON'T GIVE UP
Peter Gabriel & Kate Bush

Nace la fotoperiodista Dorothea Lange
(26 de mayo de 1895)

En los años treinta, América del Norte sufrió uno de los desastres ecológicos más graves del S.XX. El fenómeno fue bautizado como Dust Bowl y consistió en una serie de impresionantes tormentas de polvo negro y espeso que se levantaron desde el Golfo de México hasta Canadá como consecuencia de un período de extrema sequía. Afectó a más de 400.000 km² pero se cebó especialmente en los estados de Texas, Oklahoma, Kansas y Colorado. Las consecuencias fueron devastadoras y provocaron la multiplicación de los efectos de la Gran Depresión que ya sufría el país. Se calcula que más de tres millones de personas tuvieron que huir de sus granjas y emigrar hacia el oeste. La mayor parte de las imágenes gráficas que documentaron este fenómeno las debemos a Dorothea Lange. Esta fotoperiodista de New Jersey recorrió con su cámara las zonas afectadas capturando las escenas dramáticas que se sucedían a raíz del Dust Bowl en el seno de muchas familias americanas.

Gran parte de las fotografías que hizo Dorothea Lange sobre el Dust Bowl que azotó Estados Unidos en los años treinta fueron recopiladas en un libro publicado en 1973 titulado *In this Proud Land* (*En esta tierra orgullosa*) y que dio a conocer la obra de esta autora.

Esta recopilación gráfica cayó en las manos de Peter Gabriel una década más tarde. Era 1986 y a Gabriel, que hacía más de diez años que había dejado Genesis, le rondaba por la cabeza escribir una canción sobre las difíciles condiciones económicas en que se encontraba el Reino Unido bajo el gobierno de Margaret Thatcher. Al ver las fotografías de Lange, el músico británico encontró la inspiración que buscaba. La frase inicial la tuvo clara desde el primer momento: «In this proud land we grew up strong ...» («en esta tierra orgullosa crecimos fuertes ...»). A partir de este primer verso cogido del título del libro de Lange, el músico compuso una letra sobre un hombre que acaba de quedarse sin trabajo.

Los versos interpretados por Gabriel describen los sentimientos de aislamiento y desesperación que lo invaden. Los coros, a cargo de la cantante la británica Kate Bush, lo intentan reconfortar con palabras de esperanza. Inicialmente, el músico propuso el dúo a Dolly Parton, con el objetivo de acercar más la canción al entorno americano, pero la artista country rechazó la propuesta. En cualquier caso, la imagen del Gabriel y Bush abrazados durante los seis minutos y medio que dura el videoclip de la canción tuvo un gran impacto en aquella época y fue el complemento perfecto para la promoción de *So*, el álbum dentro del cual se incluyó, y que es uno de los más aclamados de la carrera del artista en solitario.

Olga Suanya

EVERY BREATH YOU TAKE
The Police

Nace Ian Fleming, creador de James Bond
(28 de mayo de 1908)

«Bond. James Bond.» Con esta mítica frase solía presentarse el agente secreto con número de código 007 creado por Ian Fleming. Nacido en una familia acomodada, este escritor británico se hizo famoso gracias a la colección de doce novelas y nueve relatos que escribió entre 1953 y 1966 sobre este personaje. El salto de la saga a la gran pantalla con un total de 25 películas (no todas basadas en guiones del autor) hizo crecer aún más la popularidad del protagonista de la obra de Fleming y que se ha convertido en todo un icono cultural universal.

Aunque no es un personaje autobiográfico, Fleming creó a James Bond a partir de su experiencia. Durante la Segunda Guerra Mundial trabajó para la División de Inteligencia Naval de Gran Bretaña, participando en varias operaciones. La tarea que desarrolló en aquella época más su carrera periodística, le dieron el contexto y las herramientas idóneas para la creación de todo el imaginario de este espía de ficción. Una vez acabada la contienda, se trasladó a Jamaica, donde se hizo construir una casa que bautizó como 'Goldeneye'. En esta mansión de arquitectura clásica caribeña, de grandes jardines y playa privada, Fleming escribió todas sus novelas sobre James Bond y es donde vivió largas temporadas de su vida.

Años después de su muerte, el fundador de Island Records compró la propiedad y a lo largo de los años setenta y ochenta invitó a muchos artistas y amigos. En una de estas visitas, dicen que justamente en el escritorio que había sido de Fleming, Sting compuso uno de los grandes éxitos de The Police: «Every Breath You Take». Era el verano de 1981 y su matrimonio con la actriz irlandesa Frances Tomelty, con quien se había casado en 1976 y había tenido dos hijos, estaba a punto de romperse. El músico británico había aceptado la invitación para ir a pasar unos días a 'Goldeneye' y explica que una noche se despertó con la frase «every breath you take, every move you make I'll be watching you» («cada vez que respires, cada movimiento que hagas, te estaré observando») a partir de la cual creó el resto de la canción. Con los años, el músico ha manifestado su desconcierto ante la interpretación romántica y positiva que mucha gente atribuye a la letra, ya que explica que él la compuso bajo los efectos del dolor de un amor no correspondido, los celos y la actitud controladora que a menudo conllevan estos sentimientos.

En diciembre del año siguiente, en los estudios AIR de otra isla caribeña, Montserrat, se registraban las pistas básicas de *Syncronicity*, el álbum que The Police editó en junio de 1983 y del que «Every Breath You Take» fue el primer sencillo. Sobre este primer material, los tres componentes de la banda grabaron sus instrumentos de forma separada, tanto para conseguir un mejor sonido como para no forzar la relación entre los tres y que en ese momento ya no era demasiado buena. El éxito del álbum y del tema que la encabezaba fue rotundo. Había surgido de una ruptura, la sentimental del líder de la formación con su mujer; y desencadenaba otra, la The Police. Y es que éste fue el último disco que Sting, Andy Summers y Stewart Copeland grabaron juntos antes de que la banda se disolviera el verano de 1984.

Olga Suanya

MATERIAL GIRL
Madonna

Nace el director de cine Howard Hawks
(30 de mayo de 1896)

A pesar de haber dirigido algunas de las películas más notables y oscarizadas de Hollywood, Howard Hawks nunca ganó la aclamada estatuilla como director. Su carrera fue una de las más productivas de la historia del cine americano y en su filmografía hay títulos que abordan todos los géneros. Desde westerns como Río Bravo o El Dorado, *a impecables piezas de cine negro como* El Sueño Eterno *pasando por dramas como* Solo los ángeles tienen alas *o comedias musicales como* Los Caballeros las prefieren rubias.

Cuentan que cuando Howard Hawks le dijo a Marilyn Monroe que la quería para *Los caballeros las prefieren rubias* pero no como protagonista, ella le contestó que no le importaba, ya que «sea como sea, yo sigo siendo la rubia». Y es que, aunque el personaje principal de la película lo interpretara Jane Russell, Marilyn sabía que todo el mundo se fijaría en ella, al igual que pasaba desde que con veinte años decidió cambiar el color de su cabellera castaña de reflejos pelirrojos por el rubio platino que ha quedado asociado a su imagen.

Una de las escenas más recordadas de este filme de 1953 es la que reproduce la actuación de Lorelei, el personaje que interpreta Marilyn en un cabaret cantando «Diamonds Are a Girl's Best Friend». La interpretación de la actriz enfundada en un elegante vestido de satén rosa, de escote recto sin tirantes y complementado con unos guantes largos del mismo color llenos de joyas y diamantes se ha convertido en todo un icono del cine y en un pasaje a menudo imitado o parodiado por otras artistas. La reproducción que hizo Madonna tres décadas más tarde en el vídeo de «Material Girl» es una de las más recordadas.

Madonna publicó este tema como segundo sencillo de *Like a Virgin*, el disco que grabó en 1984, justo un año después de su álbum de debut. Es una canción sobre alguien con una vida despreocupada rodeada de riqueza y que la cantante explicó que se adecuaba bastante a la situación en que se encontraba ella misma en ese momento. Este planteamiento provocativo acompañado de una música de influencia new wave y arreglo de sintetizadores, convirtieron «Material Girl» en todo un éxito comercial y, según los críticos, a la misma Madonna en un icono.

El vídeo de lanzamiento de la canción es toda una alegoría a la interpretación de Marilyn Monroe de «Diamonds Are a Girl's Best Friend» en la película de Howard Hawks. Las imágenes que reproducen la escena original se intercalan con otras en las que un director de cine intenta ganarse el corazón de una actriz de Hollywood, papel que también interpreta Madonna.

Pero los paralelismos entre ambas artistas alrededor de estas dos canciones traspasaron también la pantalla. Y es que, así como Marilyn Monroe se casó con el jugador de béisbol Joe DiMaggio pocos meses después del rodaje de *Los caballeros las prefieren rubias*, de la grabación del videoclip de «Material Girl» Madonna salió conociendo a quien al cabo de medio año se convertiría en su primer marido, el actor Sean Pean. Al fin y al cabo, la imagen de 'rubias caza-maridos' del estereotipo que ambas artistas representaron en cada uno de estos papeles, terminó teniendo un desenlace no tan alejado en la vida real.

THE GREATEST LOVE OF ALL
Whitney Houston

Muere el boxeador Muhammad Ali
(3 de junio de 2016)

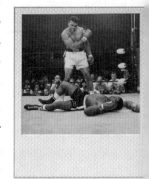

Nacido como Cassius Marcellus Clay y conocido al principio de su trayectoria deportiva como Casssius Clay hasta que se convirtió al islam, Muhammad Ali está considerado uno de los mejores boxeadores de todos los tiempos. Apenas tenía 18 años cuando logró la medalla de oro en los Juegos Olímpicos de Roma y en 1964, recién cumplidos los 22 se proclamó campeón indiscutido de la categoría de los pesos pesados. A partir de estos dos hitos, las innumerables victorias que consiguió dentro del cuadrilátero y la gran influencia que tuvo por su posicionamiento en distintas causas sociales de la América de esos años lo convirtieron no solo en una de las figuras más importantes del boxeo sino de todo el deporte del S.XX.

Nadie pone en duda que Muhammad Ali fue uno de los más grandes boxeadores de la historia. De hecho, él mismo no tuvo ningún reparo en autoproclamarse *The Greatest* (el mejor) en el título del álbum que grabó en 1963 y en el que, además de recitar algunas composiciones líricas escritas por él mismo, incluso se atrevió a cantar una versión de «Stand by Me». Quizás por eso, cuando en 1977 Tom Gries rodó el biopic sobre la vida de este deportista sobre el cuadrilátero decidió recuperar esta poco modesta calificación para bautizarlo.

The Greatest (estrenada en castellano como *Yo, el mejor*) repasa la vida de este deportista desde los Juegos Olímpicos de 1960 hasta su victoria ante George Foreman, en el enfrentamiento que ha pasado a la posteridad como *Rumble in the jungle* y que para muchos es el mejor combate de la historia del boxeo. En la película, Ali se interpreta a sí mismo, recreando algunos de sus momentos decisivos con imágenes intercaladas de clips de sus combates reales. Una de las canciones que se escribieron expresamente para la banda sonora de este film fue «The Greatest Love of All». La compusieron Michael Masser y Linda Creed y la interpretó George Benson, pero el tema pasó desapercibido y no fue hasta que al cabo de casi una década, cuando Whitney Houston lo rescató para su álbum de debut, que esta pieza se convirtió en un éxito.

Y es que «The Greatest Love of All» fue uno de los temas que lanzó la carrera musical de esta artista de Nueva Jersey que, con dos Emmy, seis Grammy, treinta premios Billboard Music Awards y veintidós American Music Awards, llegó a convertirse en la cantante femenina más galardonada de todos los tiempos según el Libro Guiness. Nacida en una familia de destacadas voces del soul como su madre Cissy Houston, sus primas Dionne y Dee Dee Warwick o su madrina Aretha Franklin, Whitney Houston demostró tener un gran talento desde muy pequeña cantando en el coro de la iglesia. Más tarde, empezó a acompañar a su madre en algunas de las actuaciones que hacía en clubes nocturnos y allí fue donde la descubrió el presidente de Arista Records. En poco más de medio año, esta discográfica editaba el primer álbum de la artista. Este trabajo rápidamente llegó al primer puesto de las listas de ventas, un hito que también consiguieron tres de sus singles, entre ellos «The Greatest Love of All».

Lo que seguramente no imaginaba Whitney Houston cuando hizo la versión de aquel tema era que unos años más tarde tendría la oportunidad de cantárselo en directo a la persona a quien estuvo dedicado. Fue en febrero de 1992 en el Teatro Wiltern de Los Ángeles en la ceremonia organizada para celebrar el 50 aniversario de Muhammad Ali. En esta actuación, ante un Ali emocionado, Houston hizo una demostración de su talento artístico y de su inigualable capacidad vocal ante quien ha sido el más grande boxeador de todos los tiempos.

Olga Suanya

TAKE THIS WALTZ
Leonard Cohen

Nace Federico García Lorca
(5 de junio de 1898)

Figura principal de la Generación del 27, Federico García Lorca está considerado como uno de los autores de mayor influencia de la literatura española del siglo XX. Nació en la localidad granadina de Fuente Vaqueros y desde una edad muy tempra-na mostró su interés y talento artístico en distintas disciplinas. Su obra como poeta, dramaturgo y prosista se ha convertido en un punto de referencia de artistas contemporáneos de todo el mundo y su legado perdura en el imaginario cultural colec-tivo a través de las generaciones. Su asesinato por parte de las fuerzas franquistas la madrugada del 18 de agosto de 1936 en los primeros días de la Guerra Civil española truncó su vida y su extraordi-naria trayectoria.

«En Viena hay diez muchachas, / un hombro donde solloza la muerte / y un bos-que de palomas disecadas. / Hay un fragmento de la mañana / en el museo de la escarcha. / Hay un salón con mil ventanas». Con estos versos empieza «Pequeño vals vienés» uno de los poemas de *Poeta en Nueva York*, y que está considera-da como una de las antologías poéticas más crípticas de Federico García Lorca. El poeta granadino escribió esta obra durante la estancia que hizo en la ciudad americana entre junio de 1929 y marzo de 1930 con motivo de un ciclo de confe-rencias que impartió en la Universidad de Columbia.

Desde que llegó a Estados Unidos, Lorca desarrolló una profunda aversión hacia el sistema capitalista y una gran repulsa hacia el trato que la sociedad americana daba a la minoría negra, que acentuó su actitud de rechazo contra la alienación de las personas y la deshumanización que percibía en ese país. Pero también fue allí donde salió del armario, decidiendo declarar su amor por un hombre del que se enamoró en la ciudad de los rascacielos. Y lo hizo en «Pequeño vals vienés», un poema vital y misterioso, con el que reivindicó su propia opción sexual, a través de unos versos que conforman un grito de amor desesperado lleno de metáforas y de imágenes surrealistas.

Cuando este poema llegó a las manos de Leonard Cohen no tuvo ninguna duda de que debía musicarlo. El cantautor canadiense, que era un gran admirador de la obra de Lorca, tradujo los versos al inglés y, aprovechando el ritmo musical que ya tenía la composición, la convirtió en «Take this Waltz». Pocos meses más tarde, la incluyó en *I'm your Man*, el álbum que grabó en 1988 y que suponía su regreso musical después de cuatro años sin pasar por un estudio. El disco fue uno de los grandes éxitos de Cohen y llegó a ser uno de los más vendidos en varios países, entre ellos España.

En 2014, Silvia Pérez Cruz cogería el testigo de este homenaje que Cohen hizo a Lorca y, recuperando los versos de «Pequeño vals vienés» en su lengua original, hizo una versión desgarradora de la pieza acompañada del guitarrista Andrés Herrera Ruíz, alias 'Pájaro'. Cuando dos años más tarde, el cantautor canadiense murió repentinamente a la edad de 82 años en su casa de Los Angeles la cantante catalana le dedicó una preciosa carta que se publicó en *El País* en la que le mostraba su admiración, así como su agradecimiento por haberle hecho descubrir este poema a través de su música.

Olga Suanya

Y.M.C.A.
Village People

Se funda la Young Men's Christian Association
(6 de junio de 1844)

La Asociación Cristiana de Jóvenes (Young Men's Christian Association en inglés) es un movimiento social juvenil con presencia en distintos países. Fue fundada en Londres en 1849 por George Williams, un trabajador del sector textil que, viendo como las duras condiciones laborales de la Revolución Industrial llevaba a muchos muchachos a caer en el juego y la bebida, decidió crear una organización para ayudarles. Actualmente tiene su sede en Suiza e integra más de 120 organizaciones autónomas repartidas por los cinco continentes.

Aunque Village People se convirtió en un icono del movimiento gay de los años setenta, sólo el indio y el vaquero eran homosexuales. Y es que éste fue un grupo diseñado a medida por Jacques Morali y Henri Belolo, dos músicos franceses con el objetivo específico de interpretar sus composiciones de estilo disco y promocionarlas entre el público homosexual a través de los estereotipos más comunes entre este colectivo. El nombre que eligieron para bautizarlo hace referencia a Greenwich Village, una conocida zona de ambiente gay de Nueva York. Todos estos elementos, junto con los peculiares disfraces de los seis integrantes del grupo y las canciones pegadizas de letras sugerentes llenas de dobles sentidos, fueron los ingredientes de una receta comercial infalible.

Si bien es cierto que su segundo sencillo, «Macho Man», ya tuvo muy buena acogida, fue «Y.M.C.A.» el tema con el que el producto Village People demostró ser un auténtico éxito. Lo lanzaron el tema en noviembre de 1978 y en poco tiempo llegó a la primera posición de las listas británicas y a la segunda de las americanas. Pero no sólo la canción se hizo famosa, sino que el baile característico

que la acompañaba formando las letras de su título una por una con los brazos, es todo un clásico que ha llegado hasta las generaciones del S.XXI. En el estadio de béisbol de los New York Yankees por ejemplo, justo antes de la quinta entrada de todos los partidos que se juegan en casa, los miembros del personal a cargo del campo dejan todo lo que estén haciendo en ese momento para ejecutar los movimientos de Y.M.C.A. mientras el público los anima.

Pero ¿a qué se referían las siglas del título de esta canción? Pues a la Young Men's Christian Association (Asociación Cristiana de Jóvenes), una de las entidades dedicadas a ayudar y orientar jóvenes más antiguas que existen. Con el tiempo, la YMCA (siglas con las que rápidamente se identificó) se fue extendiendo por los cinco continentes, siendo los de cultura anglosajona donde más fuerte arraigó.

Ni Morali ni Belolo habían oído hablar de esta asociación hasta que un día se la escucharon nombrar a Randy Jones, el cantante que interpretaba el personaje del vaquero. Jones explicaba que cuando había llegado a Nueva York en 1975 procedente de Carolina del Norte, se había unido a la YMCA de McBurney, en la calle 23 y que allí había encontrado un lugar donde socializarse haciendo deporte con otros jóvenes. La historia despertó rápidamente el interés de los dos creadores de Village People, que no dudaron que éste podía ser un buen punto de partida para una de las canciones del grupo. A la entidad cristiana no le hizo mucha gracia que su acrónimo se convirtiera en himno de un grupo homosexual, pero las demandas que pusieron contra la banda no prosperaron. Lo que está claro es que, aunque sin quererlo, Y.M.C.A. ha sido la mejor propaganda de una asociación de la que ya nunca nadie olvidará su nombre.

Olga Suanya

KILLING IN THE NAME
Rage Against The Machine

El monje budista Thich Quang Duc se quema a lo bonzo
(11 de junio de 1963)

La expresión 'quemarse a lo bonzo' se utiliza para describir una persona que decide terminar su vida rociándose con algún tipo de líquido inflamable y prendiéndose fuego en público como forma de protesta o de desobediencia civil. Pero ¿de dónde viene esta expresión? Pues su origen se remonta a principios de los años sesenta, cuando se produjeron una serie de suicidios de monjes budistas utilizando esta forma de quitarse la vida para protestar contra el gobierno de Vietnam del Sur. El primero en iniciar esta ola de autoinmolaciones fue Thich Quang Duc, que con esta acción denunciaba la opresión que el presidente Ngo Dinh Diem ejercía sobre la población. La imagen de este monje inmóvil quemándose vivo en el centro de Saigón el 11 de junio de 1963 dio la vuelta al mundo y, desde ese momento, describiría esta tipología de protesta a través de este método de autoinmolación.

Para ilustrar la portada de su álbum de debut, el grupo de rap metal Rage Against The Machine escogió la icónica foto de Thich Quang Duc quemándose al estilo bonzo. Lanzado en noviembre de 1992, el disco llevaba el nombre del primer sencillo de la banda: «Killing in the Name», un tema que rápidamente se convirtió en un éxito de ventas y en una inmejorable carta de presentación de esta reaccionaria formación americana. El tema es una oda a la revolución contra el racismo a los organismos de seguridad de Estados Unidos, y así lo deja bien claro en los versos que abren la canción: «Some of those that work forces are the same that burn croses» («Algunos de los que trabajan para las fuerzas son los mismos que queman las cruces»).

Tom Morello compuso la canción mientras hacía un ejercicio de afinación de las cuerdas de la guitarra en Re, una técnica que proporciona el instrumento un sonido más denso. Entre los riffs que iba probando para comprobar el sonido fue encontrando las notas de lo que más tarde sería la base de «Killing in the Name». A la hora de ponerle letra, Zack de la Rocha se inspiró en el clima político de tensión racial que se vivía en aquellos momentos en Estados Unidos, y especialmente en el caso de un episodio violento ocurrido en marzo de 1991 donde cuatro oficiales de la policía de Los Ángeles habían acabado con la vida de un motorista afroamericano llamado Rodney King.

Su ritmo acompasadamente agresivo y su tono provocador con un lenguaje grosero relleno con todo tipo de insultos y tacos, resultó una fórmula infalible que ha convertido «Killing in the Name» en una pieza de culto y que ha sido utilizada con diferentes propósitos. El más controvertido seguramente fue el uso que le dieron como elemento de tortura en Guantánamo. Cuando los miembros de Rage Against The Machine se enteraron de que su tema era utilizado para vejar a los reclusos presentaron una demanda legal contra el Departamento de Estado estadounidense. Pero desgraciadamente el procedimiento no avanzó y la banda tuvo que continuar su protesta contra el uso de su canción en este tipo de prácticas a través de la plataforma Close Gitmo Now, una campaña en la que diferentes grupos como Pearl Jam, Nine Inch Nails o R.E.M., expresaron su oposición a que canciones suyas se utilizaran con estos fines.

Olga Suanya

ANGIE
The Rolling Stones

Muere la modelo Anita Pallenberg
(13 de junio de 2017)

Hija de un artista italiano y de una secretaria alemana, Anita Pallenberg fue una modelo, actriz y diseñadora de moda conocida por ser musa de roqueros en los años sesenta y setenta. Fue novia de dos guitarristas de los Rolling Stones: primero de Brian Jones y después de Keith Richards, con quien tuvo tres hijos. Durante esa época disfrutó también de cierta fama como actriz, aunque las películas en las que participó no fueron demasiado conocidas.

«Angie» es, sin lugar a dudas, uno de los temas más populares de los Rolling Stones. Escrita mayoritariamente por Keith Richards, esta balada sobre un amor perdido se ha convertido en uno de los himnos de la banda británica. Su intro acústica, el sentimiento de la interpretación vocal de Mick Jagger y las notas de piano de Nicky Hopkins fueron la clave del éxito de un tema que desde el momento de su edición en verano de 1973 tuvo vida propia al margen de *Goats Head Soup*, el álbum donde se incluyó y que ha sido una de las creaciones de los Stones más devastadas por la crítica.

¿Pero quién se esconde detrás de la protagonista de la canción? Durante un tiempo se dijo que estaba dedicada a la modelo y actriz Angela Barnett, que en aquella época estaba casada con David Bowie y con quien se rumoreaba que Jagger tenía un idilio. Esta teoría dio un giro de 180 grados cuando años más tarde, en el plató de una televisión americana donde había ido a airear trapos sucios de su exmarido, la misma Angela Barnett soltó que una vez lo había pillado en la cama con el líder de los Stones. A raíz de estas declaraciones se interpretó que Angie sería simplemente el nombre femenino con el que Mick Jagger habría querido camuflar una declaración de amor a David Bowie.

Las especulaciones sobre la fuente de inspiración de «Angie» siguieron activas durante bastante tiempo y el misterio no desveló hasta que en 2010 Keith Richards publicó sus memorias. En *Life* el guitarrista de los Stones y autor principal de la canción explicó que el tema se le ocurrió mientras estaba en pleno proceso de desintoxicación. En aquella época, estaba casado con la modelo italiano-germana Anita Pallenberg, la cual estaba embarazada de la segunda criatura de la pareja. Richards recuerda en el libro que una vez superó la parte más traumática del tratamiento, cogió la guitarra y en una tarde compuso «Angie». Reconoce que cuando la escribió no sabía que su nueva hija acabaría llamándose Angela. De hecho, el nombre que eligió Pallenberg para la recién nacida fue Dandelion, pero como dio a luz en un hospital católico insistieron a la madre que le añadiera un segundo nombre y ella le escogió Angela. No se sabe si porque el primero no le gustaba o porque prefería identificarse con el título de una canción de su padre, cuando aquella niña se hizo mayor pidió que no se dirigieran a ella como Dandelion ni Dandy y que todo el mundo pasara a llamarla Angela.

BLUE SUEDE SHOES
Elvis Presley

Se funda el cuerpo aéreo del ejército de EE.UU.
(2 de julio de 1926)

Fundado el verano de 1926, el Cuerpo Aéreo del Ejército de los Estados Unidos fue el primer servicio de aviación del gobierno americano. En 1941, ante la posibilidad de que el país entrara en la Segunda Guerra Mundial, se reorganizaron los mandos de todos los componentes aéreos nacionales y esta unidad se integró en la Fuerza Aérea del Ejército de los Estados Unidos. Acabada la contienda, esta unidad se independizó del ejército, convirtiéndose en 1947 en la Fuerza Aérea de Estados Unidos.

«Blue Suede Shoes» está considerada como una de las primeras grabaciones de rock & roll de la historia. La versión que más fortuna ha hecho es la que grabó Elvis Presley a finales de 1956. Pero el tema no es suyo, sino de Carl Perkins, el músico que a principios de los cincuenta se erigió como el pionero del rockabilly.

Nacido en 1932 en un entorno muy humilde en Tennessee, la de Perkins era de las pocas familias blancas de la zona que intentaban ganarse la vida trabajando en los campos de algodón. Él y sus hermanos crecieron escuchando el góspel y el blues que cantaban sus vecinos de color. Y cuando a los siete años su padre le construyó una especie de guitarra con una caja de cigarros y alambres de embalaje, comenzó su relación autodidacta con la música con bastante destreza improvisando con aquel artilugio. Con el tiempo consiguió un instrumento de verdad y comenzó a tocar en diferentes locales hasta que a principios de los años cincuenta lo fichó Sun Records, la discográfica que le ofreció la primera oportunidad profesional, colocándolo de telonero de dos de las grandes figuras del momento: Johnny Cash y Elvis Presley. El primero, fue quien le dio la idea de su primer gran éxito: «Blue Suede Shoes». El segundo, el que más se benefició de los frutos que dio esta creación.

«Blue Suede Shoes» surgió a raíz de una conversación entre Perkins y Cash. El músico de Akansas le estaba contando historias sobre su estancia en Alemania, donde estuvo destinado con el ejército como operador de radio para interceptar comunicaciones soviéticas. Allí había coincidido con un piloto negro del cuerpo aéreo de Estados Unidos que había usado la expresión 'zapatos de gamuza azules' (*blue suede shoes* en inglés) para referirse al calzado del uniforme. Cash le sugirió a Perkins que escribiera una canción sobre este tipo de calzado, pero éste le respondió que no sabía nada del tema y que no acababa de visualizar la idea. Unos meses más tarde, mientras tocaba en una sala de baile, Perkins se fijó en una pareja que estaba en la pista y en cómo el chico le decía a su compañera que tuviera cuidado con no pisar sus gamuzas. Y recordando el comentario de Cash, finalmente decidió escribir una canción sobre aquellos zapatos.

El tema fue un éxito rotundo y en pocas semanas ya ocupaba la primera posición de la mayoría de listas musicales. A Carl Perkins todo le iba viento en popa pero la suerte le dio la espalda el 21 de marzo de 1956 cuando el coche en el que viajaba con toda su banda para ir a actuar en el programa de Ed Sullivan chocó contra un camión. Su hermano y su manager murieron en el accidente y él sufrió una fractura de cráneo que le dejó fuera del circuito un año entero. Durante la

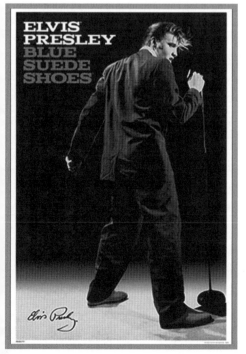

convalecencia, aparte de la dura recuperación, Perkins tuvo que soportar también cómo su amigo Elvis Presley triunfaba con «Blue Suede Shoes». La discográfica de Presley, muy focalizada en que el cantante interpretara temas de otros artistas, hacía tiempo que le presionaba para que registrara este éxito pero él se resistía a hacerlo mientras la versión de Perkins continuara en las primeras posiciones. Finalmente, en otoño de 1956, la canción se lanzó y la grabación de Presley, con un estilo country más marcado, superaba con creces los logros alcanzados por su autor, haciendo que la canción acabara pasando a la historia como una de las interpretaciones icónicas del Rey del Rock.

Olga Suanya

THIS LAND IS YOUR LAND
Woody Guthrie

Día de la Independencia de EE.UU.
(4 de julio de 1776)

Cada 4 de julio los americanos celebran su Día Nacional para recordar la fecha en que el país logró su independencia. Y desde hace décadas la canción que se ha convertido en el himno no oficial de esta fecha es «God Bless America», un tema compuesto por el músico de origen ruso Irving Berlin, en agradecimiento al país que lo acogió. Lo escribió en 1918 pero no se dio a conocer hasta después de veinte años, cuando Kate Smith lo interpretó por primera vez en un programa de radio. Escrita como si fuera una oración para pedir paz y bendiciones de Dios para la nación y sus ciudadanos, los americanos no tardaron en adoptarla como la máxima expresión musical de su patriotismo.

Durante los primeros años de la década de los cuarenta, «God Bless America» sonaba en todo momento por las emisoras americanas, pero no todos estaban de acuerdo con la imagen autocomplaciente que presentaba Estados Unidos. Éste fue el caso de Woody Guthrie que, sobre una melodía ya existente, escribió una canción como respuesta al tema de Berlin donde denunciaba las desigualdades sociales existentes en el país. En la primera versión de este tema que inicialmente tituló «God Blessed America for me», Guthrie incluyó varias frases políticas que se acercaban a algunos puntos de vista del comunismo, pero finalmente omitió estos versos en la versión final de la canción que terminó siendo editada en 1945 como «This Land is Your Land».

Considerado uno de los padres del folk americano, Guthrie se había forjado como cantautor durante los años treinta recorriendo el país con su guitarra. Durante aquellos años fue uno de los grandes cronistas de la miseria y las desgracias que sufrieron millones de americanos debido a las sequías y las tormentas de

arena de la *Dust Bowl*. Su origen humilde le hizo empatizar rápidamente con toda aquella gente. Y con sus
canciones pronto comenzó a forjar la
leyenda que lo convertiría en el músico que retrataba la realidad de los
más desfavorecidos. Woody Guthrie
representaba la voz de las clases trabajadoras y «This Land is Your Land»
es el legado que les dejó como mensaje de lucha diaria en forma de canción.

Aunque durante su participación en
el grupo de Pete Seeger, los Almanac
Singers, Guthrie había defendido el
pacifismo y se había mostrado crítico
con las políticas intervencionistas del
presidente Roosevelt, a medida que la Segunda Guerra Mundial se intensificó
viró hacia posiciones que apoyaban la participación americana. De hecho,
Guthrie se alistó en la marina y después del ataque japonés a Pearl Harbor,
terminó de confirmar su posicionamiento a favor de la lucha estampando en su
guitarra una pegatina donde se podía leer «This Machine Kills Fascists» («esta
máquina mata fascistas»).

Cuando volvió a casa, continuó recorriendo el país utilizando la música como
arma de su activismo en la lucha contra el fascismo y los abusos de poder. No
paraba de tocar y componer canciones y así fue como en un *diner* de carretera
camino de Nueva York escribió las primeras estrofas de lo que acabaría siendo
«This Land is Your Land». Tras la muerte de Woody Guthrie en 1967, su legado
musical fue recuperado por toda una generación de artistas folk como el mismo Pete Seeger, Bob Dylan, Joe Strummer, Ani DiFranco, Billy Bragg o Bruce
Springsteen. Este último, dio una nueva vida a «This Land is Your Land» al incluirla en su repertorio a mediados de los setenta y presentarla como «una de
las canciones más bonitas que nunca he escuchado».

Olga Suanya

SHALLOW
Lady Gaga & Bradley Cooper

Nace el director de cine George Cukor
(7 de julio de 1899)

A principios de los años treinta, con la eclosión del cine sonoro, Hollywood comenzó a contratar profesionales de Broadway para que ayudaran a los directores de cine mudo a hacer la transición hacia los nuevos formatos. Uno de ellos fue George Cukor quien, ya como director tuvo la oportunidad de llevar su conocimiento del mundo de los musicales en la gran pantalla. Y lo hizo con What price Hollywood? (Hollywood al desnudo). *La película se estrenó en 1932 y a lo largo del tiempo ha tenido hasta cuatro versiones más, cada una adaptada a su época pero todas ellas con un elemento común: la crítica al mundo del star-system.*

La primera versión de la película aparecía cinco años después del estreno de la original de la mano del director William A. Wellman, que cogió la esencia de la cinta de George Cukor e hizo una adaptación que rebautizó como *A Star is Born* (*Ha nacido una estrella*), el título que adoptarían el resto de *remakes* que se harían posteriormente, empezando por la que realizó el mismo Cukor en 1954. Dos décadas más tarde, en 1976 Frank Pierson rodó una adaptación protagonizada por Kris Kristofferson y Barbra Streisand que obtuvo cuatro nominaciones a los Oscar, de las que se llevó la de mejor canción por «Evergreen». La versión más moderna de *A Star is Born* llegaría en 2018 de la mano de Bradley Cooper, con una propuesta con la que el actor se estrenó como director y en la que compartía cartel con Lady Gaga. El filme obtuvo ocho nominaciones a los Oscars pero la única estatuilla que se llevó fue la de mejor canción por «Shallow».

Como gran parte de las canciones de la película, «Shallow» es una composición escrita por Lady Gaga especialmente para esta producción cinematográfica. Es un tema sobre el sentimiento de vacío de los dos protagonistas al afrontar una fama donde las adiciones y el dolor también están presentes. La canción marca el momento en que el personaje que interpreta Lady Gaga canta por primera vez ante el público, en una secuencia que se grabó en mayo de 2017 en el Greek Theatre de Los Ángeles. Bradley Cooper invitó a 2.000 seguidores del artista para que hicieran de público durante el rodaje del concierto. La canción tuvo un gran impacto a nivel mundial desde el estreno de la película, convirtiéndose en todo un número uno en una docena de países. La interpretación en directo que Lady Gaga y Bradley Cooper hicieron del tema en la gala de los Oscars de 2019 fue uno de los momentos más recordados de aquella edición.

REDEMPTION SONG
Bob Marley

Marcus Garvey crea la organización panafricanista UNIA
(15 de julio de 1914)

El 15 de julio de 1914 el predicador, periodista y empresario ja-maicano Marcus Garvey fundaba la primera organización crea-da con el objetivo de unir en libertad a toda la gente de origen africano del mundo. La bautizó como UNIA (siglas en inglés de Asociación Universal para la Mejora del Hombre Negro) y con el lema 'Un dios, un objetivo, un destino' sembró la semilla de la doctrina rastafari que surgiría en los barrios marginales de Kingston en los años treinta. Desde la UNIA y el diario Ne-gro World que él mismo dirigió, Garvey defendía que África debía ser para los africanos y vaticinó la llegada de un rey negro en el continente que los guiaría a todos, una profecía que pareció cumplirse cuando en 1930 Ras Tafari Makonnen, conocido como Haile Selassie, llegó al trono de Etiopía.

Desde su surgimiento a principios de la década de los treinta, el movimiento ras-tafari fue ganando adeptos rápidamente. Pero sin duda quien fue su mayor alta-voz fue Bob Marley, que en la década de los setenta triunfaba en todo el mundo con un reggae con letras que ensalzaban los valores de esta doctrina. Y de entre todo su repertorio, «Redemption Song» es seguramente la canción más icónica y comprometida, y no sólo por su mensaje sino porque fue la última que el músico jamaicano grabó antes de morir, cuando ya sabía que padecía cáncer.

Acompañado únicamente de su guitarra, Marley grabó «Redemption Song» ins-pirándose en un discurso de Marcus Garvey donde el líder jamaicano llamaba a emanciparse de la esclavitud mental: «We are going to emancipate ourselves from mental slavery because whilst others might free the body, none but ourselves can free the mind» («Nos emanciparemos de la esclavitud mental porque, mientras

que los demás puedan liberar el cuerpo, sólo nosotros mismos no podemos liberar la mente»). Marley recogió prácticamente de forma literal esta frase («Emancipate yourself from mental slavery, none but ourselves can free our minds») y añadió unos versos con un mensaje que animaba a todos a unirse en este canto de esperanza «Will not you help to sing these songs of freedom?» («¿No nos ayudarías a cantar estas canciones de libertad?»). En conjunto, todo el tema es una recopilación de los principios básicos de la fe y la filosofía rastafari que siempre estuvieron muy presentes en las creaciones de Marley y que eran un canto a la paz ante las guerras y las injusticias sociales responsables del crecimiento de la pobreza y las desigualdades del planeta.

«Redemption Song» fue incluida en 1980 en el álbum *Uprising* en un lanzamiento donde parecía que Bob Marley estuviera aceptando su condición mortal. Poco después de la gira de presentación de este disco que lo llevó con su banda, The Wailers, por toda Europa, la salud del músico empeoró. El cáncer se le había extendido por todo el cuerpo y tuvo que cancelar el resto de conciertos. Hasta ese momento no había querido recibir ningún tipo de cura, pero llegado ese momento se puso en manos de un médico alemán que lo sometió a un controvertido tratamiento.

Tras meses de dura lucha, la metástasis avanzó por su cuerpo y Marley decidió terminar sus días en su Jamaica natal. Pero durante el vuelo de regreso sus funciones vitales comenzaron a fallar y el avión tuvo que trasladarlo de urgencia al Cedars of Lebanon Hospital de Miami la mañana del 11 de mayo de 1981. Tenía 36 años y, tal y como había pedido, fue enterrado con su Gibson Les Paul, un balón de fútbol, unos brotes de cannabis y un anillo que le había regalado el hijo de Selassie. Sus restos mortales reposan en Nine Mile, el pueblo que lo vio nacer, pero convencida de que él hubiera querido volver a la tierra prometida, su viuda Rita Marley, le cortó algunas de sus rastas y las envió a Etiopía.

Olga Suanya

WALK ON THE WILD SIDE
Lou Reed

Nace la actriz Barbara Stanwyck
(16 de julio de 1907)

En invierno de 1962 Barbara Stanwyck asumía el reto de interpretar a la primera lesbiana declarada de la historia del cine. Lo hacía en Walk on the Wild Side *(La gata negra en su versión en español), una comedia dramática dirigida por Edward Dmytryk y donde la actriz de Brooklyn se ponía en la piel de la madame de un burdel que mantiene relaciones con la favorita de su clientela. La orientación sexual de este personaje, así como el tratamiento que la película hace del mundo de la prostitución rodeó el estreno de este film de polémica y escándalo entre un público que no estaba acostumbrado a que*  *abordaran de una forma tan directa cuestiones como la homosexualidad femenina o el ambiente de corrupción y degradación de un prostíbulo.*

Una década más tarde del estreno de la película *Walk on the Wild Side*, Lou Reed recuperó el título de esta cinta y la connotación que 'walk on the wild side' ya había desarrollado como expresión popular para referirse al hecho de adentrarse en ambientes frecuentados por personajes extremos, incluso sórdidos, que no encajan en los patrones estándares, para una de sus canciones más celebradas. Era 1972 y el músico hacía dos años que había dejado el proyecto de The Velvet Underground para iniciar su carrera como solista. El primer disco que grabó con versiones alternativas de temas interpretados con su antigua banda había sido un fracaso, pero el músico, lejos de tirar la toalla, preparaba un nuevo trabajo con David Bowie como productor que tituló *Transformer*. «Walk on the Wild Side» fue el sencillo más exitoso de este álbum y seguramente de toda la carrera de Reed en solitario.

Escrita en primera persona, «Walk on the Wild Side» relata la historia de los encuentros que el autor habría tenido con diferentes personas en el Nueva York de los años sesenta. Transexuales, proxenetas, prostitutas y toda una colección de personajes que se identifican con algunas de las estrellas de La Fábrica Warhol protagonizan los versos que Lou Reed escribió para este tema en un homenaje irónico y muy gráfico a este colectivo de estrellas de la contracultura que se desarrolló en la ciudad durante aquellos años. Concretamente, el músico hace referencia a Holly Woodlawn, Candy Darling, Joe Dallesandro, Joe Campbell y Jackie Curtis, presentán-

dolos con sus peculiaridades a medida que va avanzando por la canción como si se los fuera encontrando a medida que recorre las calles neoyorquinas.

Reed presenta todos estos extravagantes personajes con pretensiones artísticas en su ambiente y destacando sus excentricidades y adicciones desde una vertiente irónica. La letra aborda temas que aún eran bastante tabú en la década de los setenta, pero seguramente a la censura popular del momento le pasó por alto las múltiples alusiones eróticas que se escondían entre los versos de «Walk on the Wild Side» lo que favoreció que, a pesar de la temática, la canción tuviera muy buena cobertura en las emisoras de radio desde su lanzamiento.

OTHERSIDE
Red Hot Chilli Peppers

Muere el director de cine Robert Wiene
(17 de julio de 1938)

Robert Wiene es uno de los máximos exponentes del cine expresionista alemán. Hijo del actor Carl Wiene, empezó su carrera en el teatro, pero con el estreno de El Gabinete del doctor Caligari, *su obra más célebre y la primera de esta corriente artística, dejó claro cuál era el medio que le apasionaba. Durante la década de los años veinte y principios de la siguiente dirigió diez películas más, las dos últimas fuera su país natal ya que tras la llegada de Hitler al poder se marchó primero a Hungría y después a París. Murió en 1938 en la capital francesa a causa de un cáncer cuando estaba a punto de finalizar su último largometraje* Ultimatum.

Californication es sin duda el álbum más exitoso de Red Hot Chilli Peppers. Publicado en junio de 1999, contiene algunos de sus grandes temas y «Otherside» es uno de ellos. Que las dos palabras que forman el título de esta canción aparecieran juntas no fue un error de imprenta, sino una licencia poética que esta banda formada en Los Ángeles a principios de los ochenta se tomó para referirse al otro lado de la vida, es decir a la muerte. Y es que este tema es un homenaje a Hillel Slovak, quien fue uno de los fundadores del grupo y que murió por sobredosis de heroína en 1988.

«Otherside» describe el calvario que vivió el guitarrista en su relación con la droga y cómo, llegado el momento final, se da cuenta de que su adición lo ha convertido en un esclavo de esta sustancia y que la única manera de recuperar el control es poner fin a su vida. El vocalista de la banda y autor de la letra, Anthony Kiedis, intentó comprender el estado mental de horror que vivió Slovak para tratar de hacer entender a través de los versos todo su sufrimiento. Kiedis también

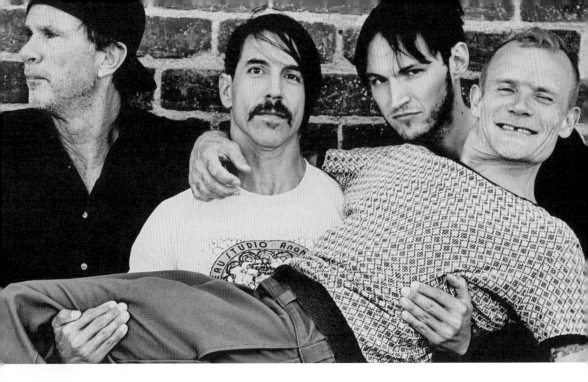

estaba enganchado a la heroína, por lo que su cercanía con el tema le sirvió para hacer un abordaje muy personal sobre cómo afrontan los drogadictos las batallas con sus demonios. El mismo Kiedis describió su adicción como «un gran monstruo gris» y quiso recoger este concepto también en el vídeo que la banda hizo para la canción, para el que se inspiraron en *El Gabinete del Doctor Caligari*. Dirigida por el alemán Robert Wiene, esta película es el título por excelencia del expresionismo alemán y todo un referente del cine de miedo mudo.

Rodado en blanco y negro, el videoclip representa la historia de un hombre en un hospital que trata de luchar contra el gran gran monstruo que es su adicción. Tomando recursos del film de Wiene utiliza una combinación de miniaturas, sets gigantes y títeres que aparecen en una perspectiva totalmente forzada. Los miembros de Red Hot Chilli Peppers aparecen enfundados en trajes negros, ubicados en localizaciones insuales y llevando accesorios que simulan instrumentos surrealistas. Los labios rojos que luce el protagonista y que contrasta con el fondo monocolor, evocan la famosa pintura *Las Amoreux* del artista modernista estadounidense Man Ray.

Olga Suanya

FLY ME TO THE MOON
Frank Sinatra

El hombre llega a la Luna
(20 de julio de 1969)

El 20 de julio de 1969 el comandante Neil Armstrong y el piloto Edwin F. Aldrin se convertían en los primeros hombres que llegaban a la Luna. Habían llegado hasta el satélite terrestre tras un viaje de ocho días por el espacio a bordo del Apolo XI. Y cuando el módulo Eagle alunizó en el Mar de la Tranquilidad, las imágenes de los dos astronautas saliendo del vehículo y haciendo el primer paseo por la superficie de la Luna fueron seguidas en directo por más de 600 millones de personas. Como dijo Armstrong en una frase que ha quedado para la historia, aquél fue «un pequeño paso para un hombre, pero una gran salto para la Humanidad».

Aunque «Fly Me to the Moon» es una canción que ha quedado asociada a Frank Sinatra, como la mayoría de los temas de su repertorio, esta no es una pieza original suya. Es obra del compositor Bart Howard que según explicó, la escribió en tan sólo 20 minutos. Inicialmente la tituló «In other words», que es uno de los versos recurrentes de la letra, pero uno de los productores sugirió rebautizarla como «Take me to the Moon» y animado con esta evolución Howard decidió finalmente cerrarla como «Fly Me to the Moon».

La primera versión que se hizo fue la de Kaye Ballard y que se editó en 1959. A partir de esta grabación la canción fue teniendo diferentes momentos en base a las interpretaciones que hicieron artistas como John Mathis o Felicia Sanders. Pero la verdadera popularidad del tema llegó cuando en 1964 la grabó Frank Sinatra para el álbum *It Might as Well Be Swing* que editó con el pianista de jazz Count Basie en una versión arreglada por Quincy Jones, donde el productor aceleró el ritmo del tema original y le dio un ritmo swing. Este «Fly Me to the Moon» de

Sinatra se editaba en un momento álgido de la carrera espacial entre los Estados Unidos y la URSS, un contexto que, a raíz de la referencia de la llegada a la Luna de su título, hizo que la canción quedó asociada a las misiones Apolo.

Pero la vinculación de «Fly Me to the Moon» va más allá de la mera referencia temática de la pieza. Y es que esta canción tiene el honor de ser la primera que sonó en la Luna aquel 20 de julio de 1969 cuando el módulo del *Apolo XI* llegó el Mar de la Tranquilidad. Así lo explicó Buzz Aldrin, el piloto que acompañaba Neil Armstrong en la misión, a Quincy Jones en 1987 en una fiesta donde coincidieron ambos. El astronauta, sabiendo que él había sido el productor de la versión de Frank Sinatra, le explicó que cuando ya estaban sobre la superficie de la Luna, decidió coger el cassette que se había llevado con esta canción y hacerlo sonar.

Esta no era la primera vez que oía aquella historia. Jones recordaba que años antes el mismo Sinatra le había llamado emocionado para decirle que había estado con Aldrin en un acto y que éste le había explicado que su canción se había podido escuchar en la Luna. Y no es que Jones dudara de la palabra del cantante, pero quiso confirmarlo por parte del mismo Aldrin para darle la certeza de la veracidad de aquella historia que, desde ese momento, no dejó de explicar. La referencia fue recogida por diferentes medios de comunicación y en 2016 quedó registrada también en el libro *The Final Mission: Preserving NASA's Apollo Sites* editado por la historiadora en ingeniería espacial Beth O'Leary y donde la autora dejó constancia de que no tenía ninguna duda de que «Fly Me to the Moon» fue la primera canción que sonó en la Luna.

Olga Suanya

FOR WHOM THE BELL TOLLS
Metallica

Nace el escritor y periodista Ernest Hemingway
(21 de julio de 1899)

Mayo de 1937. En plena Guerra Civil española, un grupo de artificieros republicanos liderado por un voluntario americano se hacen fuertes en una localización estratégica de la Sierra de Guadarrama. Su misión: volar un puente para frenar el ataque de las fuerzas fascistas. Ésta es la historia que en 1940 recogió el escritor y periodista Ernest Hemingway en Por quién doblan las campanas. *La North American Newspaper Alliance, le había enviado a Madrid como corresponsal de guerra para cubrir las informaciones referentes al conflicto. Pero pronto se sintió muy implicado con la causa republicana y terminó convirtiéndose en uno de sus máximos defensores y propagandistas. La experiencia del tiempo que pasó en el frente le sirvió para escribir la célebre novela que se ha convertido en uno de los grandes clásicos de la literatura universal.*

Inspirándose en *Por quién doblan las campanas* de Hemingway, en 1984 Metallica presentaba «For Whom the Bell Tolls», una canción del disco *Ride the Lightning* y que es uno de los grandes clásicos de esta banda californiana. El título es una referencia directa al libro que el autor americano escribió durante la Guerra Civil española pero también la historia que explican sus versos está inspirada en el relato de la novela. De hecho, se hacen alusiones específicas a algunos de sus pasajes, como la escena en la que cinco soldados son eliminados durante un ataque aéreo justo después de tomar una posición sobre una colina.

Éste es un tema muy especial para Metallica, ya que en sus conciertos lo suelen aprovechar para tener un recuerdo para Cliff Burton, quien fue bajista de la banda desde 1982 hasta que un fatal accidente de tráfico le segó la vida con sólo 24 años. Sucedió el 27 de septiembre de 1986. Los músicos se desplazaban de Estocolmo a Copenhague en el autobús que los trasladaba durante la gira europea. Era de madrugada, las carreteras estaban heladas y parece ser que el conductor perdió el control al pasar por encima de una placa de hielo que hizo volcar el vehículo, haciendo salir disparado a Burton con tanta mala suerte que el autobús terminó cayéndole encima.

Burton es el autor de la inconfundible intro de canción «For Whom the Bell Tolls» y en sus directos los músicos comienzan el tema con un solo de bajo a modo de homenaje a su malogrado compañero. Se había unido a Metallica después de que James Hetfield y Lars Ulrich le oyeran tocar un día al entrar en un local de conciertos. El solo que sonaba en ese momento les dejó impresionados y, cuando vieron que se ejecutaba desde un bajo y no desde una guitarra, tuvieron claro que aquel músico era el ideal para sustituir Ron McGovney, que acababa de dejar la banda. La influencia de Burton en toda la producción de *Ride the Lightning* es muy importante, y especialmente notoria en temas como «For Whom the Bell Tolls» o «The Call of Ktulu».

Olga Suanya

HAPPY HOUR
The Housemartins

Se publica el primer número *The Saturday Evening Post*
(4 de agosto de 1821)

The Saturday Evening Post *es una de las cabeceras históricas de la prensa americana. La publicación tiene sus raíces en* The Pennsylvania Gazette, *una publicación que en 1728 Benjamin Franklin convirtió en el periódico de mayor circulación de las Trece Colonias, primeros territorios que se independizaron de Gran Bretaña. Cuando este rotativo dejó de imprimirse,* The Saturday Evening Post *cogió su relevo en un formato de revista semanal y pronto se convirtió en el más distribuido de Estados Unidos. Publicaba artículos sobre eventos, piezas culturales, ilustraciones e historias firmadas por escritores preeminentes*

de la época. Con el tiempo fue espaciando su periodicidad hasta convertirse en bimestral. El Saturday Evening Post *fijó la acepción del término Happy Hour en uno de sus artículos de una manera bien curiosa en 1959.*

A mediados de los años ochenta, un grupo de cuatro jóvenes ingleses revolucionaba las listas británicas con su indie-rock alegre basado en una rica variedad vocal: The Housemartins. Tomaron el nombre artístico de un pequeño pájaro negro de la familia de las golondrinas que anida en los alféizares de las ventanas de los edificios de Hull, la ciudad de Yorkshire donde formaron el grupo. Tuvieron una carrera musical muy corta, pero en los dos únicos trabajos de estudio que llegaron a grabar hay temas que forman parte de la banda sonora de la vida de los que musicalmente vivieron aquella década. Y de todos ellos, «Happy Hour» es seguramente su éxito más recordado.

«Happy Hour» es una canción escrita en clave de humor a partir de uno de los tópicos clásicos de la principal diversión de todo trabajador inglés: emborracharse en el pub después del trabajo. Lo compusieron en casa del cantante del grupo,

Paul Heaton, mientras ultimaban las canciones de *London 0 Hull 4*, su álbum de debut. Y para escribir la letra se basaron en una lista que Heaton había elaborado un par de años antes sobre las cosas que le molestaban de la oficina donde entonces trabajaba, una de las cuales era el momento en que algunos compañeros bajaban al pub a la hora de comer y se dedicaban a hacer comentarios despectivos sobre las mujeres que se habían ligado.

La canción triunfó rotundamente y se llegó a convertir en el reclamo musical que muchos bares hacían sonar para anunciar el inicio de la Happy Hour. Pero ¿cuál es el origen de esta expresión que todavía hoy se utiliza en muchos locales de ocio? Pues aunque hay alguna referencia previa a principios del S.XX a un *Social Happy Hour* en ambientes navales para designar el rato que en algunos barcos militares se dedicaba a momentos de entretenimientos diversos, se considera que esta acepción del término la fijó el *Saturday Evening Post* en 1959.

Este histórico semanario estadounidense que se especializó en artículos de eventos, crónicas, editoriales humorísticas e ilustraciones, publicó un artículo que por primera vez se refería a la *Happy Hour* fuera del entorno de la marina. La pieza se titulaba «The Men Who Chase Missiles» («Los hombres que perseguían misiles») y abordaba los peligros que debían sortear los habitantes de los lugares remotos que rastreaban los lanzamientos de proyectiles de Cabo Cañaveral. En el reportaje se especificaba que todas estas personas estaban en riesgo «salvo aquellas que gastan demasiado durante la Happy Hour en el bar». Ésta fue la primera vez que se usaba la expresión Happy Hour en un contexto civil. En una entrevista publicada en *The Guardian* en 2018, el cantante de The Housemartins recordaba la canción que a partir de aquel 1986 quedó asociada para siempre en el imaginario colectivo al concepto Happy Hour. En este diario, Paul Heaton declaraba mostrarse constantemente sorprendido y humillado por el hecho de que treinta años más tarde la gente siga escuchando el tema.

Olga Suanya

ENOLA GAY
OMD

Se lanza la bomba atómica sobre Hiroshima
(6 de agosto de 1945)

Cuando su hijo se alistó en el ejército, poco se podía imaginar Enola Gay Tibbets que se convertiría en la madre del piloto encargado de lanzar la bomba atómica sobre Hiroshima. Y menos aún que lo haría desde un avión que llevaría su nombre.

Paul Tibbets se había alistado como cadete del ejército del aire de Estados Unidos en 1937 y al cabo de seis años, en plena Segunda Guerra Mundial y ya como comandante, se convirtió en uno de los pilotos que más experiencia tenía en aviones pesados. Sus numerosas incursiones aéreas en la Europa ocupada y las 400 horas de vuelo que posteriormente acumuló a bordo de un B-29, hicieron que fuera elegido para entrenar una unidad especial que debía encargarse de la supervisión de las modificaciones que había que hacer a este modelo de nave para que pudiera transportar la bomba que debía poner fin a la guerra. El día previo al lanzamiento, mientras ultimaban los preparativos de la histórica misión, Tibbets asumió el mando del bombardero y lo hizo rotular con el nombre de su madre en un gesto que, aparte de ser un homenaje a la mujer que lo había traído al mundo, era muy adecuado para transportar un proyectil que había sido bautizado como *Little Boy* (niño pequeño).

A las 8:15 del 6 de agosto de 1945, tal y como estaba previsto, se produjo el lanzamiento. El *Enola Gay* soltó la bomba desde una altura de 9.450 metros y 43 segundos más tarde, cuando la cabeza nuclear se encontraba a 600 metros de Hiroshima, la hicieron detonar. La ola de fuego resultante de la explosión volatilizó toda la madera, la carne e incluso el acero que encontró a su paso. Dos enormes hongos apocalípticos se levantaron sobre la ciudad japonesa a más de 13.000 metros sobre las cenizas radiactivas. Y en un diámetro de unos 12 kilómetros no quedó nada vivo. Las autoridades niponas determinaron que el 69% de los edificios fueron destruidos, 80.000 personas murieron y 70.000 resultaron heridas.

La diversidad de opiniones respecto al lanzamiento de la bomba atómica sobre Hiroshima y tres días más tarde sobre Nagasaki, generó una polémica encarnada entre los que defendían que su uso había conseguido acortar la guerra y por tanto salvar más personas de las que mató; y los que lo consideraban una acción inhumana y totalmente reprobable que había costado la vida de muchas personas inocentes. Esta controversia sigue abierta aún hoy día y ha sido tratada en diferentes manifestaciones artísticas a lo largo de la historia, especialmente en el cine y la literatura. En el campo musical, un buen ejemplo es «Enola Gay», la que probablemente sea la canción más famosa de la banda británica de música electrónica Orchestral Manoeuvres in the Dark, más conocida por sus siglas OMD.

El cantante y bajista del grupo Andy McCluskey tomó el nombre de aquel avión desde el que 35 años antes se había hecho el lanzamiento de *Little Boy* para titular la canción antibelicista que se convirtió en el cuarto sencillo del grupo y uno

de los temas incluidos en su segundo álbum de estudio, *Organisation*. La letra de la canción se refiere directamente a la bomba e interpela al oyente con frases sobre si aquella fue una decisión correcta. «It's 8:15 and that's the time that it 's always been» («Son las 8:15h y es la hora que siempre ha sido»), dice en uno de sus versos en alusión directa a la hora del lanzamiento. En otro se pregunta «Is mother Proud of 'Little Boy' today?» («Debe estar la madre orgullosa del 'Niño Peque-

ño' hoy?»). La publicación de «Enola Gay» coincidió con otra polémica en torno a la decisión de la entonces Primera Ministra británica, Margaret Thatcher, de permitir que los Estados Unidos estacionaran misiles nucleares en su territorio. Un contexto muy oportuno para el lanzamiento de una bomba musical como fue «Enola Gay» aquel 1980.

STRANGE FRUIT
Billie Holiday

Linchamiento de Thomas Ship y Abram Smith
(7 de agosto de 1930)

El término «linchamiento» (de lynching en inglés) hace referencia a la acción de ejecutar alguien sin ningún tipo de proceso previo. El concepto debe su nombre a Charles Lynch, un plantador de Virginia que, durante la Guerra de Independencia americana, a finales del S.XVIII, capitaneó un grupo de hombres que, tomándose la justicia por su cuenta, persiguieron un grupo de defensores de los intereses británicos y los colgaron a todos. Desde entonces, y en referencia al apellido de este personaje, todas las acciones que se llevaban a cabo en este formato de pretendida justicia popular se empezaron a  *conocer popularmente como «linchamientos». Según las estimaciones más conservadoras, entre 1889 y 1940 se lincharon a más de 2.800 personas en Estados Unidos, especialmente en los estados de Georgia, Misisipi y Texas. La mayoría fueron ciudadanos de raza negra que fueron asesinados cruelmente por multitudes, generalmente en acto de venganza después de que algún ciudadano blanco hubiera sido víctima de un delito atribuido a una persona negra. Uno de estos muchos casos fue el linchamiento de Thomas Shipp y Abram Smith en el verano de 1930.*

La noche del 7 de agosto una multitud formada por hombres, mujeres y niños se reunió ante una prisión local de Indiana para exigir que el sheriff les entregara a tres de sus prisioneros. Se trataba de Tom Shipp, Abraham Smith y James Cameron, unos adolescentes afroamericanos acusados del asesinato de un hombre y de la violación de una mujer, ambos de raza blanca. Algunas de los miles de personas que se concentraron exaltadamente formaron una turba que pretendía abrirse paso hasta la puerta de entrada. Una vez allí, derribaron la puerta y fueron hasta la celda donde estaban encerrados los tres detenidos. Los sacaron al exterior golpeando brutalmente y los arrastraron hasta la plaza del palacio de la justicia. Cameron, el más joven de los tres, pudo fugarse, pero Smith y Shipp terminaron colgados de un árbol donde fueron linchados.

La imagen de los cuerpos inertes de ambas víctimas rodeados de toda la gente que se concentró a su alrededor fue captada por un fotógrafo de la ciudad y se extendió por todo el país. Al ver publicada aquella imagen en la prensa, el poeta Abel Meeropol quedó golpeado por la brutalidad de la escena y escribó un poema que tituló «Strange Fruit». «Southern trees bear a strange fruit, Blood on the leaves and blood at the root, Black bodies Swingin 'in the Southern breeze, Strange fruit hangin' from the poplar trees» («Los árboles del sur dan un fruto extraño, sangre en las hojas y sangre en la raíz, cuerpos negros balanceándose en la brisa del sur, fruta extraña colgada de los chopos») escribía Meeropol.

Cuando la cantante Billie Holiday, que a pesar de su juventud en aquellos años treinta ya comenzaba a hacerse un lugar en el mundo de la música, leyó aquel poema, sintió la necesidad de musicarlo.

Lady Jazz y Meeropol trabajaron juntos durante tres semanas en la adaptación del poema. En sus memorias, Holiday escribió que se esforzó mucho en aquella tarea porque no estaba segura de ser capaz de transmitir a un público de lujo todo lo que aquella composición significaba para ella. El hecho de que Columbia Records no se atreviera con el tema por considerarlo una propuesta demasiado arriesgada alentó aún más sus ganas de grabarla, y no paró hasta que encontró una discográfica que la quisiera.

Finalmente convenció a los responsables de Commodore Records que apostaran por ella y la editaran la primavera de 1939. Tan pronto como la lanzaron al mercado, «Strange Fruit» fue un éxito de ventas. De hecho, fue el mayor éxito de toda la carrera de Holiday y pronto se convirtió en su emblema y en una de las primeras canciones protesta, un grito contra la losa del racismo que aún amenazaría la igualdad racial en Estados Unidos durante décadas.

Olga Suanya

HELTER SKELTER
The Beatles

La actriz Sharon Tate es brutalmente asesinada
(8 de agosto de 1969)

La noche del 8 de agosto de 1969 cuatro miembros de la secta liderada por Charles Manson entraron en casa de la actriz Sharon Tate y la asesinaron brutalmente junto a los tres invitados que pasaban con ella la velada. La joven, que había empezado una prometedora carrera en Hollywood reconocida con una nominación a los Globos de Oro por su actuación en Valley of the Dolls (El valle de las muñecas), *hacía un año y medio que se había casado con el director de cine Roman Polanski y estaba embarazada de 8 meses.*

La publicación en 1968 de «Helter Skelter» supuso un punto de inflexión importante en la producción musical de los Beatles. Esta es uno de los temas de los Fab Four que más críticas dispares ha generado. Desde los que la encuentran una canción extraordinaria, a los que la han destrozado con sus comentarios, esta pieza incluida en el *White Album* ha sido centro de análisis y debate. Especialmente desde que el verano de 1969 se vio involucrada en el trágico episodio protagonizado por la familia Manson y que terminó con el brutal asesinato de cuatro personas, entre las que se encontraba la actriz Sharon Tate.

Según Paul McCartney, la inspiración para escribir el tema le llegó cuando en 1967 leyó una entrevista al líder de The Who, donde Pete Townshend comentaba que la banda acababa de grabar «el disco de rock más desmadrado, estridente y divertido» que nunca hubiera registrado. McCartney afirma que nunca supo a qué trabajo se refería exactamente Townshend, pero que la frase le dio la idea de componer un tema «realmente bestia» y de ahí nació «Helter Skelter». Para el título tomó el nombre de un tobogán en espiral que se veía en muchos parques británicos para utilizarlo como metáfora de un viaje en caída.

Charles Manson descubrió la canción cuando apenas hacía dos años que había salido de la cárcel, donde cumplía una condena de seis años por estafa. Aprovechando los festivales y las concentraciones hippies, pronto se erigió como gurú en San Francisco y en pocos meses con un grupo de acólitos se fue a vivir en Spahn Ranch, un lugar en el desierto californiano que había servido menudo como escenario en el rodaje de varios westerns.

Instalados en este rancho, la Familia Manson, que así es como se hacían llamar, se sumergieron en la visión del mundo creada por su líder, el cual estaba convencido de que se acercaba una gran rebelión mundial fruto de las tensio-

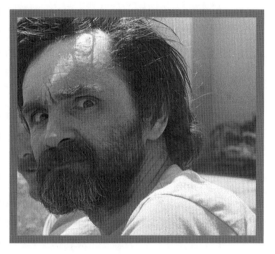

nes raciales del momento y que terminaría inevitablemente con un inminente apocalipsis. Según Manson, todo lo que le había sido revelado por alguna fuerza divina, estaba escrito en mensajes subliminales en las canciones del *White Album* y concretamente «Helter Skelter» era la pieza clave de esta teoría.

Pero el Helter Skelter predecido por Manson parecía que no llegaba tan deprisa como esperaba, así que decidió tratar de acelerarlo un poco enviando a cuatro miembros de la secta a asesinar a ricos y

famosos, con el objetivo de culpar a los Panteras Negras e iniciar así la guerra racial que creía que tenía que desencadenar el principio del fin. La fecha elegida fue la noche del 8 de agosto y las víctimas, las personas que esa noche estaban en la casa del 10050 de Cielo Drive, que el cineasta Roman Polanski y su esposa, la actriz Sharon Tate, tenían alquilada en Beverly Hills.

Los cuerpos inertes y perforados de las cuatro víctimas (Sharon Tate, Jay Sebring, Voytek Frykowski, Abigail Folger) fueron encontrados la mañana siguiente por el ama de llaves de los Polanski en un escenario desolador y en el que apareció escrito en la nevera con sangre: «Healter Skelter» (sic). A pesar del error ortográfico, a nadie se le escapó que estas dos palabras como firma del crimen hacían referencia a la canción de los Beatles.

Olga Suanya

NOVEMBER RAIN
Guns N' Roses

Se inaugura el estadio Nemesio Camacho 'El Campín' en Bogotá
(10 de agosto de 1938)

El 10 de agosto de 1938 se inauguraba el Nemesio Camacho 'El Campín', el estadio de fútbol más grande de Bogotá. En su campo juegan Millonarios e Independiente Santa Fe, dos de los clubes de fútbol históricos de la capital colombiana. De hecho, es uno de los estadios más relevantes del país y está considerado como uno de los 100 mejores de todo el mundo según la revista inglesa For Four Two.

Aparte de competiciones deportivas, El Campín acoge también otros eventos, especialmente conciertos de artistas internacionales. El que hizo Guns N' Roses el 29 de noviembre de 1992 es uno de los más recordados.

Desde mayo de 1991, la banda de Axel Rose se encontraba en medio de la promoción mundial de sus álbumes más exitosos *Use Your Illusion I* y *Use Your Illusion II*, en un recorrido de dos años por todo el planeta con 192 conciertos en 27 países, que la convirtió en la gira más larga de la historia del rock hasta el momento. Una semana antes del concierto, la prensa publicó artículos con titular como «¡Se vienen los satánicos!» donde se explicaba que si se hacía sonar «Use Your Illusion» al revés se podían escuchar mensajes cifrados que incitaban al suicidio. Y dos días antes del concierto, se vieron grupos de señoras mayores rezando en las inmediaciones del estadio para tratar de ahuyentar a los demonios que explicaban que Slash era capaz de despertar cuando tocaba el riff de «Sweet Child O' Mine». Las fuerzas del mal no aparecieron aquella noche de noviembre en El Campín, pero el concierto de los Guns N' Roses se desarrolló en medio de una serie de hechos donde muchos vieron un castigo divino a aquel osado gesto de llevar a la banda californiana a Colombia.

Para empezar, el intento de golpe de estado que Hugo Chávez hizo en Venezuela el mismo día que el grupo tocaba en Caracas, provocó que el presidente Carlos Andrés Pérez ordenara cerrar los aeropuertos del país. Todos los equipos de sonido quedaron retenidos y esto obligó a tener que cancelar el primero de los conciertos que se tenían que hacer en Bogotá al cabo de dos días ante la imposibilidad de trasladar el material. Con la actuación del viernes 27 anulada, a los fans colombianos de Guns N' Roses sólo les quedaba la opción del domingo 29 para poder ver la banda en directo, lo que provocó que se agotara hasta la última entrada que se puso a la venta.

Los que fueron esa noche a El Campín recuerdan una primera hora y cuarto de concierto apoteósica. Pero a partir de las doce y cuarto, justamente cuando empezaron a tocar «November Rain», la lluvia se intensificó. En un primer momento el público enloqueció por la coincidencia del título de la canción con el aguacero que descargó en ese preciso momento una noche de noviembre, pero cuando al cabo de unos minutos la fuerza del agua hizo caer parte del tejado del escenario la situación cambió. Nadie quedó herido y los músicos intentaron seguir tocando. Pero cuando Slash vio que el agua empezaba a entrarle a las botas corriendo peligro de electrocutarse con los cables que lo conectaban a los amplificadores, la situación fue insostenible y tuvieron que suspender el concierto.

Las tensiones iniciales con la policía que intentaba controlar aquella concentración de jóvenes rabiosos intensificaron con la suspensión final y terminó en unos enfrentamientos que dejaron cristales de escaparates rotos y cuatro oficiales heridos. Las imágenes que se emitieron por televisión y los titulares de la prensa del día siguiente no hicieron más que alentar la versión diabólica que rodeaba el concierto desde su anuncio, así como el merecido escarmiento divino que consideraban que había llevado aquella lluvia de noviembre. Una señora entrevistada en el informativo de la televisión pública lo resumía así ante las cámaras: «Ahí no más se ve lo diabólicos que son esos rockeros. Menos mal que la mano de Dios nos salvó».

Olga Suanya

CROSSROADS
Cream

Muere el músico Robert Johnson
(16 de agosto 1938)

En verano de 2019 el New York Times *publicó una serie de necrológicas sobre personas notables muertas a partir de 1851. Una de ellas estuvo dedicada al guitarrista Robert Johnson, fallecido en 1938 por causas que todavía hoy no están del todo claras. Algunas investigaciones apuntan que murió envenenado con naftalina diluida en una botella de whisky, otros que se lo llevó una neumonía, e incluso los hay que defienden que fue asesinado con un arma de fuego. En su certificado de defunción sólo se recoge que fue en Greenwood, Misisipi el 16 de agosto de aquel año. Hacía tres meses que había cumplido 27*

y se convertía así en el primer miembro del grupo de músicos muertos a esa edad y que con el tiempo se ha bautizado como el Club de los 27.

Las escasas 29 grabaciones que hizo de 1936 a 1937 muestran una notable combinación de talento para cantar, tocar y componer, que fueron de gran influencia en diferentes generaciones de músicos. Y su misteriosa y poco documentada vida ha generado todo tipo de leyendas alrededor de su figura. Cuentan que cuando comenzó en el mundo de la música Johnson no tocaba muy bien y que, frustrado, decidió desaparecer durante un tiempo. Cuando al cabo de un año y medio volvió lo hizo convertido en todo un *bluesman.* Se rumoreó que había vendido su alma al diablo en un cruce de carretera a cambio de ser el mejor guitarrista de la historia. Este cruce, además de ser el centro de las especulaciones de sus tratos demoníacos, es el escenario que inspiró uno de sus temas más icónicos: «Cross Road Blues».

La canción fue grabada por Robert Johnson a mediados de los años treinta y se convirtió en la chispa que encendió la leyenda que rodeó el misterio de su virtuosidad musical a raíz de una entrevista que le hicieron al guitarrista de blues Son House, donde explicó cómo Johnson pasó a tocar de forma excepcional en un período de tiempo increíblemente corto. Con el tiempo, se fue especulando sobre la historia y el mismo Johnson terminó de alimentar la leyenda con «Me and the Devil Blues», donde cantaba sobre su encuentro con el mismo Satanás.

Tres décadas más tarde, Eric Clapton recuperó la leyenda de Johnson en «Crossroads», el tema que hizo para Cream a partir de una adaptación de «Cross Road Blues» con algunas partes de «Me and the Devil blues». Clapton, Ginger Baker, Jack Bruce lo tocaron por primera vez en un concierto que hicieron en San Francisco en 1968 y al año siguiente lo incluyeron en *Live at the Fillmore* de su doble álbum *Wheels of Fire*. El tema se convirtió en uno de los hits de este trío londinense que apenas estuvo activo un par de años y el solo que hace Eric Clapton está considerado por la revista *Guitar World* como uno de los diez mejores de la historia.

En 1998, Clapton bautizaría como Crossroads el centro de rehabilitación de abuso de drogas y alcohol que se fundó con su apoyo en la isla caribeña de Antigua. El guitarrista, que durante los años setenta mantuvo una dura lucha contra la depresión debido a su adición a estas sustancias, encontró que éste era un nombre muy adecuado, tanto por todos los éxitos que le había dado la canción que llevaba este nombre como por la esperanza de una nueva vida que ansiaban todos los que entraban en el centro buscando un pacto que los llevara a la salvación.

Olga Suanya

HEY JOE
The Jimi Hendrix Experience

Se cierra el Festival de Woodstock
(18 de agosto de 1969)

Tras tres días intensos de música y hippismo, la madrugada del 18 de agosto de 1969 se daba por terminado el Festival de Woodstock. Inicialmente, se esperaban unas 50.000 personas, pero por las 240 hectáreas de la granja Bethel acabaron pasando más de 400.000 y se calcula que 250.000 más que también se dirigían hacia allí tuvieron que dar la vuelta por complicaciones logísticas. A cambio de los 18 dólares que costaba la entrada, los asistentes pudieron disfrutar de 32 actuaciones al aire libre con un cartel excepcional. El resultado final, un fin de semana largo de convivencia en torno a los valores de paz y amor, regado con mucha música y unas dosis de lluvia inesperada, y que se ha convertido en uno de los momentos clave de la historia del rock.

Woodstock fue el icono de una generación cansada de guerras, así como en la consolidación definitiva de la contracultura de los años sesenta. Los jóvenes que asistieron al festival pregonaban la paz y el amor como forma de vida y manifestaban su rechazo al sistema establecido no sólo con su ideología sino también con sus largas melenas, las ropas anchas de colores, los amuletos y los símbolos pacifistas. El evento quedó registrado en la película *Woodstock: 3 days of peace & music* dirigida por Michael Wadleigh con edición de Martin Scorsese y que ganó el Oscar al mejor documental en 1970.

La última jornada del Woodstock comenzó el domingo al mediodía con la actuación de Joe Cocker, que tocó acompañado de The Grease Band. Las lluvias que habían caído durante todo el fin de semana y la tormenta que descargó a media tarde convirtieron los campos de Bethel en un lodazal. Pero ni las deplorables condiciones del terreno ni el agotamiento del público tras dos días de festival evitaron que esta tercera jornada fuera todo un éxito. Después del parón por el aguacero, a las ocho de la tarde se reanudaron los conciertos con Country Joe and the Fish, Ten Years After, The Band, Johnny Winter, Blood, Sweet & Tears, Crosby, Stills, Nash & Young, Paul Butterfield Blues Band, Sha-Na-Na y Jimi Hendrix y su banda cerrando el cartel.

A lo largo de casi dos horas de concierto, Hendrix repasó algunos de los grandes clásicos de su corta carrera. Algunos asistentes ya empezaban a desfilar, pero el músico entró en comunión con aquel público exhausto que quedaba e incluso les regaló una versión del himno de Estados Unidos ejecutado con su Fender Stratocaster blanca. El momento apoteósico llegó con el tema que eligió para cerrar su actuación y que, por tanto, fue la última canción que sonó en Woodstock: «Hey Joe».

Había sido el primer single que lanzó cuando aterrizó en Londres en 1966 y grabó su álbum de debut *Are you experienced?*. Era una versión de una canción escrita en forma de diálogo entre el narrador y su protagonista Joe, un hombre que ha asesinado a su mujer y que se propone huir a México para evitar ser ejecutado. Desde hacía años, había ido pasando de mano en mano por varios intérpretes sin que ninguno de ellos lograra convertirla en un hit. Pero cuando llegó a las cuerdas de Hendrix, el guitarrista zurdo cogió aquel tema de nadie y se lo hizo suyo.

La interpretación vocal de Hendrix en los versos cantados y los solos de guitarra distorsionada construidos a partir de fraseos lentes basados en la escala de blues, situaron rápidamente aquel «Hey Joe» en el *top ten* de la lista de éxitos en el Reino Unido la primavera de 1967. Desde entonces, el tema quedó asociado al músico y fue uno de los imprescindibles de todos sus directos hasta que, en septiembre de 1970, cuando sólo tenía 27 años, murió ahogado con su propio vómito después de una intoxicación por barbitúricos.

CHELSEA HOTEL Nº2
Leonard Cohen

Nace el arquitecto Philip Gengembre Hubert
(20 de agosto de 1830)

El Chelsea Hotel es uno de los enclaves artísticos más icónicos de Nueva York. El mítico edificio de ladrillo rojo situado en medio del antiguo Distrito del Teatro había sido proyectado en 1883 por el arquitecto de origen francés Philip Gengembre Hubert a finales del S.XIX como cooperativa privada de apartamentos. Pero en 1905 fue transformado en hotel y la década de los sesenta y setenta se convirtió en el segundo hogar de un gran número de artistas que hicieron aflorar en él un ambiente creativo entre alcohol, drogas y todo tipo de excesos. En su libro de registro figuran nombres legendarios. Andy Warhol, Arthur Miller, David Bowie, Tenesse Williams, Jackson Pollock, Keith Richards, Humphrey Bogart, John Lennon o Edith Piaf son sólo algunos de los huéspedes célebres que se alojaron en él.

«I remember you well in the Chelsea Hotel. You were talking so brave and so sweet. Giving me head on the unmade bed while the limousines wait in the street» («Te recuerdo claramente en el Chelsea Hotel. Hablabas tan segura y tan dulce, mamándomela sobre la cama deshecha mientras en la calle esperaban las limusinas»). Con estos versos empieza la canción que cuenta una de las anécdotas más contadas de la historia de la música: el relato del encuentro sexual que protagonizaron Leonard Cohen y Janis Joplin en el Chelsea Hotel de Nueva York. y que el cantautor canadiense inmortalizó en uno de sus temas más célebres: «Chelsea Hotel Nº2».

Cuenta la leyenda que Leonard Cohen estaba en el ascensor del Chelsea Hotel cuando se abrieron las puertas y apareció Janis Joplin. Se quedó tan impactado por la joven y famosa cantante que cuando ella le preguntó por Kris Kristoffer-

son, Cohen le respondió que era él a quien buscaba. La respuesta hizo reír a Joplin y dicen que en ese mismo momento dejó de buscar el amigo que le había cedido «Me and Bobby McGee» para irse a una habitación del Chelsea con aquel judío de nariz prominente.

El encuentro se habría producido la primavera de 1968, mientras Joplin estaba en Nueva York con los Big Brother and the Holding Company poniendo las voces a los temas del álbum *Cheap Thrills*. Algunos de los elementos del relato de Cohen no acaban de encajar (como el hecho de que Joplin y Kristofferson no se conocieron hasta 1970 o que en aquella época la cantante aún no era muy conocida en la Costa Este), pero así es como contó la historia en 1976 el músico canadiense tras años de misterio en torno a la letra de la canción.

«Chelsea Hotel Nº2» se había publicado en 1974 en el álbum *New Skin for the Old Ceremony* y ya se había convertido en una de las piezas imprescindibles de los directos de Leonard Cohen. Durante bastante tiempo, el músico mantuvo el anonimato de la mujer con la que pasó esa noche. Pero años más tarde reveló que la autora de aquella felación, que ya se había hecho famosa en todo el mundo, era la cantante tejana que poco después de aquella noche de sexo en el Chelsea moriría de una sobredosis de heroína en la habitación de otro hotel, en Los Ángeles. En una entrevista en la BBC en 1994, Cohen reconoció públicamente que se arrepentía de haber revelado la identidad de la protagonista de la canción e incluso pidió perdón al espíritu de Joplin por su grosería e indiscreción.

Hay quien dice que existe un Chelsea Hotel Nº1 que cuenta una versión de la historia más cruda y menos emotiva, pero Leonard Cohen nunca lo confirmó. Sí que es cierto que, en sus interpretaciones en vivo del tema, a menudo cambiaba algunas líneas o añadía versos, pero no hay constancia de que escribiera ni registrara nunca la canción con otra letra. En cualquier caso, «Chelsea Hotel Nº2» ha pasado a la historia como un doble homenaje, tanto a su protagonista como a su escenario.

POLLY
Nirvana

Natascha Kampusch consigue escapar de su cautiverio
(23 de agosto de 2006)

El secuestro de Natascha Kampusch se ha convertido en uno de los más mediáticos de la historia. Esta joven austríaca fue raptada cuando tenía diez años un día saliendo de la escuela y estuvo encerrada y sometida a diversas vejaciones. Tras ocho largos años Kampusch pudo escapar de su cautiverio y su caso se convirtió en uno de los más dramáticos de la historia criminal austríaca.

Las noticias de niños y jóvenes secuestrados desgraciadamente llenan más páginas de prensa de las que quisiéramos leer. Y precisamente la lectura en el diario de uno de estos terribles sucesos fue lo que inspiró a Kurt Kobain una de las canciones más conocidas de Nirvana. El artículo, publicado en 1987, contaba la historia de una chica de 14 años que fue raptada cuando salía de un concierto de rock en el Tacoma Dome de Washington. El autor del secuestro era un violador y asesino en serie conocido como Arnold Friend, apodo al que eliminando las dos R de *rapist* (violador) queda como *an old friend* (un viejo demonio).

El reportaje explicaba cómo la adolescente fue violada y torturada con varios objetos. El texto impactó tanto al líder de Nirvana que decidió componer un tema inspirado en esta terrible historia. Lo tituló «Polly» y con los años se ha convertido en una de las canciones más elogiadas del exitoso álbum *Nevermind* que la banda grunge publicó en 1991. La temática era arriesgada pero aún lo fue más el enfoque con que la trató. Y es que el músico escribió la letra desde el punto de vista del violador, un hecho que levantó mucha polémica entre los medios de comunicación y el público en general.

El revuelo no hizo más que agravarse cuando, poco después del lanzamiento de la canción, la policía detuvo a dos asaltantes que aseguraban haber violado a una menor mientras escuchaban «Polly» de fondo. En las notas que se incluyeron para el álbum recopilatorio *Incesticide* de 1992, Kobain escribió lo siguiente: «el año pasado, una chica fue violada por dos desperdicios de esperma y huevos mientras cantaban la letra de nuestro tema "Polly". Tengo dificultades al pensar que hay plancton así entre nuestro público. Perdón por ser tan analmente P.C. (políticamente correcto) pero eso es lo que siento».

Cinco años más tarde, Nirvana tocó el concierto *Rock Against Rape* para ayudar a las víctimas de violación, colaborando en la recaudación de fondos para una organización de autodefensa de las mujeres y rematando así cualquier polémica en torno a la cuestión.

Olga Suanya

FOUR SEASONS IN ONE DAY
Crowded House

Se funda la ciudad australiana de Melbourne
(30 de agosto de 1835)

Melbourne es una de las poblaciones más importantes de Australia. Fue capital del país desde 1901 hasta 1927, año en que el centro político se trasladó a Canberra. A pesar de ello, el crecimiento económico, social y cultural de la ciudad no se vio afectado y continuó desarrollándose hasta el punto de haber sido elegida en varias ocasiones como uno de los mejores lugares del mundo para vivir.

El enclave donde hoy se levanta Melbourne fue descubierto por John Batman la primavera de 1835. Este explorador procedente de Tasmania (entonces llamada Tierra de Van Diemen) fue quien negoció con los ancianos de la tribu aborigen Wurundjeri que ocupaba el territorio la transacción a cambio de 2.400km² de aquel terreno. Batman seleccionó un emplazamiento al norte del río Yarra y declaró que ése sería el lugar donde se construiría un nuevo pueblo. El 30 de agosto de ese mismo año llegó el primer grupo de colonos dispuesto a instalarse y ésa fue la fecha que la ciudad adoptó como su momento fundacional.

Su topografía plana, el hecho de estar ubicada en la bahía de Port Phillip y la influencia de la cordillera de Dandenong que la flanquea por el este, hacen que la ciudad australiana de Melbourne tenga un clima muy particular. En cualquier momento del año la ciudad puede despertarse con un sol radiante que calienta sus calles, a mediodía ser azotada por vientos fríos que hacen descender la temperatura unos cuantos grados y aguantar un diluvio a la hora de cenar. Esta imprevisibilidad meteorológica ha hecho que con los años se la conozca como «la ciudad de las cuatro estaciones en un día».

La expresión está tan arraigada en la cultura popular australiana que no es de extrañar que, cuando Neil y Tim Finn decidieron escribir una canción dedicada a Melbourne, cogieran la esencia de esta frase para titular el tema. Aquella referencia al tiempo cambiante de la ciudad describía a la perfección diversidad sentimientos que puede experimentar alguien en un momento de desconcierto emocional y que le puede hacer pasar, en un mismo día, por estados de ánimo tan diferentes como la felicidad, la tristeza, la rabia o el remordimiento. Así que aprovechando este paralelismo escribieron una letra que combina belleza y crudeza para expresar un desengaño sentimental y que se ha convertido en uno de los clásicos de Crowded House.

En un inicio, «Four Seasons in One Day» debía formar parte del álbum de debut de Finn Brothers, el dúo que ambos formaron en 1989, pero finalmente no incluyeron la canción en el disco y la recuperaron tres años más tarde en

Woodface, el tercer trabajo de estudio de Crowded House. La banda formada por los dos hermanos Finn, Paul Hester y Nick Seymour fue una de las formaciones más destacadas del panorama musical australiano y neozelandés de finales de los ochenta y principios de los noventa. Originalmente se presentó como The Mullanes pero a la discográfica con quien sus integrantes firmaron para grabar su primer álbum no le acababa de gustar este nombre y decidieron cambiarlo por Crowded House (casa llena de gente) en referencia al pequeño apartamento de Los Angeles donde se instalaron los músicos durante la grabación.

A este trabajo publicado en 1986 le siguieron tres más llenos de temas exitosos y que hicieron triunfar a Crowded House en todo el mundo con su pop elegante, en el que destacaban las armonías vocales y las melodías efectivas. Sin embargo, y sin que nunca acabaran de conocerse las razones, en 1996 la banda anunció su separación. Al último concierto que ofreció en el exterior de la Ópera de Sidney asistieron más de 125.000 personas que no quisieron perderse la despedida de una de las formaciones que ha dejado huella en la historia de la música creada desde del continente australiano.

Olga Suanya

VERA
Pink Floyd

Se firma el Acta de Rendición Japonesa que pone fin a la Segunda Guerra Mundial
(2 de septiembre de 1945)

El 2 de septiembre de 1945 se firmaba el Acta de Rendición de Japón y con ella se ponía fin a la Segunda Guerra Mundial, el conflicto más grande y destructivo de la historia. Se calcula que en ella participaron cien millones de soldados de países de todo el mundo, cuatro millones y medio de los cuales eran británicos. En 1939 el del Reino Unido era un ejército formado por voluntarios que se vio obligado a introducir sistemas de alistamiento para poder reclutar a los efectivos necesarios para hacer frente a la declaración de guerra de Alemania. Durante los primeros años del conflicto sufrió un gran número de derrotas. Y no fue hasta el 1943, a partir de los enrolamientos masivos con los que pudo contar con un grupo de hombres lo suficientemente grande, formado y equipado, que ya no tuvo que soportar ninguna derrota estratégica.

Con el objetivo de levantar el ánimo de los efectivos desplegados por el territorio europeo durante los primeros años del conflicto, la popular vocalista inglesa Vera Lynn puso en marcha *Sincerely Yours,* un espacio de radio que se hizo muy popular entre las tropas que defendían la Union Jack. Acompañada de un cuarteto de música, interpretaba las canciones que se dedicaban las familias y los soldados destinados en el extranjero a través de las ondas hertzianas. El programa popularizó tanto a Lynn que terminó recibiendo el apodo de The Forces Sweetheart («la novia de las Fuerzas Armadas»)

144

y convirtiéndose en todo un referente para los combatientes británicos.

Uno de estos soldados fue Eric Fletcher Waters, el padre de Roger Waters. Participó en diferentes frentes durante el conflicto y en 1944 murió en combate en la batalla de Anzio (Italia). Su hijo Roger tan sólo tenía cinco meses, pero este episodio lo marcó de por vida y es un elemento presente en muchas de sus canciones. «Vera», uno de los temas que forma parte del álbum conceptual *The Wall* que Pink Floyd lanzó en 1979, es una de ellas.

Para esta pieza Waters recuperó la figura de Vera Lynn y todo lo que significó para tantos soldados británicos que, como su padre, lucharon lejos de casa y que gracias a ella se sentían un poco más cerca de los suyos. Es un tema corto, de poco más de un minuto y medio, pero de una fuerza espectacular y donde el bajista de Pink Floyd hace referencia también al título de uno de los éxitos más conocidos de la cantante: «We'll Meet Again». El diálogo y los efectos de sonido que se incluyeron como introducción de la canción pertenecen a la película *The Battle of Britain* (*La batalla de Inglaterra*) dirigida por Guy Hamilton e interpretada por Michael Caine en 1969, uno de los clásicos cinematográficos ambientados en la Segunda Guerra Mundial.

A lo largo de su vida, Vera Lynn fue toda una institución de la cultura del Reino Unido. En 1965 fue nombrada Oficial de la Orden del Imperio Británico; en los ochenta Margaret Thatcher se encomendó a su figura para animar al país durante

la Guerra de las Malvinas; y en 2017 su retrato se proyectó en los acantilados blancos de Dover para celebrar su 100 aniversario. Prácticamente todos los que formaron parte de aquella generación de soldados que encontraron consuelo en su voz ya han desaparecido. Y quizá por eso, el pasado 18 de junio de 2020, a la edad de 103 años, Vera Lynn consideró que también a ella le había llegado el momento de marcharse. Quién sabe si en algún otro lugar, ella y sus queridos soldados se volverán a encontrar.

Olga Suanya

BLACKBIRD
The Beatles

Se producen los hechos de Little Rock Nine
(4 de septiembre de 1957)

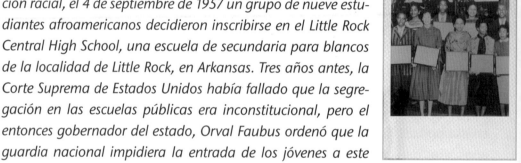

En el marco de uno de los momentos más tensos de segregación racial, el 4 de septiembre de 1957 un grupo de nueve estudiantes afroamericanos decidieron inscribirse en el Little Rock Central High School, una escuela de secundaria para blancos de la localidad de Little Rock, en Arkansas. Tres años antes, la Corte Suprema de Estados Unidos había fallado que la segregación en las escuelas públicas era inconstitucional, pero el entonces gobernador del estado, Orval Faubus ordenó que la guardia nacional impidiera la entrada de los jóvenes a este instituto. La situación desencadenó una serie de protestas que trascendieron a los medios nacionales, haciendo necesaria la intervención del presidente Dwight D. Eisenhower para garantizar que estos chicos y chicas fueran admitidos.

La gesta de los nueve estudiantes de Little Rock que en 1957 reivindicaron el fin de la segregación racial de las escuelas con un gesto tan simple como inscribirse en el instituto de su ciudad está considerado como uno de los primeros hitos del movimiento social por los derechos civiles. Little Rock Nine, que es como ha pasado a la historia este incidente, acaparó las portadas de los periódicos americanos, pero también la atención mediática al otro lado del Atlántico.

Paul McCartney sólo tenía 15 años en aquel momento, pero desde la proximidad generacional que lo unía a aquellos jóvenes americanos siguió los acontecimientos por las noticias que llegaban a Liverpool a través de la prensa y la televisión británicas. Y años más tarde, cuando a finales de la década de los sesenta el movimiento por los derechos civiles ya estaba plenamente consolidado y las tensiones raciales se intensificaban en Estados Unidos, recordó aquellos hechos que le habían impactado tanto siendo un adolescente para escribir «Blackbird», una canción con la que quiso homenajear a los héroes de aquella proeza.

Durante décadas, muchos seguidores de los Beatles pensaron que éste era un tema que hablaba de un pájaro. De hecho, en la grabación que la banda hizo de la pieza para el *White Album*, se añadió una pista en la que se puede escuchar el trino de un mirlo (que es la traducción literal de *blackbird*). Pero años más tarde McCartney desveló que la figura ornitológica fue la metáfora que usó para referirse al colectivo de las mujeres afroamericanas. En aquella época estaba muy sensibilizado por la problemática de los derechos civiles y quería dedicar una canción a todas las mujeres negras que estuvieran sufriendo el drama de la discriminación racial. Y en este entorno, recordar las jóvenes que formaron parte del colectivo de Little Rock Nine le ayudó a construir los versos de «Blackbird».

En mayo de 2016 Paul McCartney tuvo la oportunidad de conocer personalmente a dos de las protagonistas de aquel episodio que le había inspirado la canción. Fue en un concierto que el músico ofreció en Little Rock y en el que, justo antes de tocar «Blackbird», explicó que los acontecimientos ocurridos cincuenta años atrás precisamente en aquella ciudad habían sido claves en la composición del tema. A raíz de aquella revelación, se organizó un encuentro entre el músico y Thelma Mothershed Waira y Elizabeth Eckford, que fueron dos personas que formaron parte de aquel colectivo. Tras el concierto, el ex Beatle compartió este momento y su correspondiente revelación con todos sus seguidores de Twitter publicando: «Increíble conocer a dos de los Little Rock Nine, pioneros del movimiento de derechos civiles e inspiración para "Blackbird"».

Olga Suanya

WONDERFUL TONIGHT
Eric Clapton

Se celebra la primera «Buddy Holly Week»
(7 de septiembre de 1976)

En 1971 Paul McCartney compraba todos los derechos de autor de Buddy Holly. El ex beatle siempre había sido muy fan de este músico tejano que perdió la vida en el fatídico accidente aéreo que ha dejado marcado el 3 de febrero de 1959 como 'el día que murió la música'. Así que no sólo adquirió todo su legado creativo, sino que decidió homenajearlo poniendo en marcha la Buddy Holly Week, una semana dedicada a recordar la figura del malogrado músico a través de diferentes actos. Se puso en marcha el 7 de septiembre de 1976, fecha en que Holly hubiera hecho 40 años, y el éxito de la iniciativa en esta primera edición hizo que se continuara organizando anualmente hasta 1999.

McCartney preparó la inauguración de la primera Buddy Holly Week con mucha ilusión y sin escatimar recursos. La jornada comenzó con una comida en el invernadero de Holland Park de Londres que daba el pistoletazo de salida a toda una serie de conmemoraciones y conciertos que se organizarían a lo largo de toda la semana por todo el Reino Unido. Este acto inicial estuvo presidido por el manager de Holly, Norman Petty, y contó con invitados como Elton John, miembros de Queen, el líder de The Who, Roger Daltrey, el cantautor Stephen Bishop, el guitarrista Denny Laine o Eric Clapton. Este último asistió acompañado de quien durante muchos años fue la mujer de su vida: Patty Boyd.

A pesar de ser la esposa de su gran amigo George Harrison desde 1966, Eric Clapton estuvo enamorado de esta modelo y fotógrafa inglesa desde el primer día que la vio cuando ella sólo tenía 17 años. Al inicio, lo mantuvo en secreto, pero con el tiempo su debilidad por ella crecía y su amor no correspondido se convir-

tió casi en enfermizo. A principios de los setenta, el deterioro de la relación entre Harrison y Boyd a raíz de las infidelidades y de la deriva mística del músico alentó Clapton a confesarle sus sentimientos en varias ocasiones. E incluso se atrevió a revelarle que «Layla», uno de sus grandes éxitos de 1973, la había escrito pensando en ella. Cuando el matrimonio finalmente se separó, Boyd cedió a las declaraciones amorosas de Clapton y en 1979, después de casi cinco años viviendo juntos, se casó con él.

Durante los casi 15 años que estuvieron juntos, la pareja vivió una relación tormentosa por culpa de la dependencia del alcohol que sufría el guitarrista.

Pero ese martes 7 de septiembre de 1976 en que se celebraba la jornada inaugural de la Buddy Holly Week, Clapton y Boyd disfrutaban aún de los tiempos más dulces de su historia amorosa. Y fue precisamente esa noche cuando Patty Boyd inspiró a Eric Clapton una de sus mejores canciones: «Wonderful Tonight».

Fue mientras la pareja se preparaba para ir a la fiesta organizada por McCartney. Él ya estaba listo, pero ella no acababa de decidir cómo peinarse ni vestirse para la ocasión. Iba probándose ropa del armario sin encontrar nada que la convenciera, así que Clapton se fue al piso de abajo para esperarla sentado en el sofá mientras jugueteaba con su guitarra. Cuando finalmente Boyd estuvo lista, bajó las escaleras apresurada pensando que Clapton la reñiría. Pero en vez de eso, al verla, el músico le dijo que aquella noche estaba preciosa y le pidió que escuchara la melodía que había creado en ese rato que ella había tardado en arreglarse.

Cuando volvieron de la fiesta, Clapton cogió de nuevo la guitarra y terminó la canción. Al cabo de un año, en noviembre de 1977, la incluyó en el que fue su quinto álbum de estudio y que tituló *Slowhand*, y desde entonces se convirtió en uno de los grandes clásicos de su repertorio. En su libro de memorias, Boyd explicaría años más tarde que «Wonderful Tonight» fue el recordatorio más conmovedor de todo lo que fue bueno en su relación con Eric Clapton, pero que cuando las cosas iban mal para ella era una tortura escucharlo.

Olga Suanya

LIVIN' ON A PRAYER
Bon Jovi

Primer partido de los New England Patriots en la liga regular de la AFL
(9 de septiembre 1960)

New England Patriots es uno de los clubes fundadores de la American Football League (AFL) y también uno de los que más veces ha ganado la Super Bowl. Se fundó en 1959 con el nombre de Boston Patriots pero a principios de los setenta se trasladó a Foxborough y cambió su denominación por la actual, en homenaje a la región del noroeste de Estados Unidos a la que pertenece el estado de Massachusetts.

La pasión que Jon Bon Jovi siente por el fútbol americano es sobradamente conocida por todos. Siempre que puede se desplaza a diferentes estadios para poder disfrutar del espectáculo de este deporte. También es sabido que, de entre todos los equipos que juegan en la liga profesional, el músico tiene especial devoción por los New England Patriots.

La relación entre el cantante y el club ha ido estrechándose con los años y en las últimas temporadas ha habido momentos donde el apoyo del músico ha sido decisivo en el ambiente que se ha vivido en el Gillete Stadium. Uno de los días más recordados fue el del partido que se jugó en enero de 2017 y donde el equipo recibió en casa a los Pittsburgh Steelers. Era un partido importante, ya que los Patriots se jugaban el título de la American Football Conference (AFC) y, por tanto, el paso a su novena Super Bowl. En uno de los tiempos muertos de este enfrentamiento, cuando los jugadores locales estaban a punto de ejecutar un *kickoff*, comenzó a sonar «Livin' on a Prayer» por los altavoces del estadio. En ese preciso instante Jon Bon Jovi, que era en uno de los palcos, se levantó de su asiento y comenzó a dirigir los cánticos de los seguidores locales en una imagen de complicidad y fiesta más cercana a la que se vive en los estadios universitarios que no en los de la Liga Profesional.

Aquel día, el clásico de Bon Jovi relevó «I'dont Wanna Lose Your Love Tonight» de la banda británica The Outfield como canción talismán de los Patriots. La comunión entre los jugadores y su afición a través de «Livin' on a Prayer» dio al equipo liderado por el quarterback Tom Brady y el entrenador Bill Belichick una tarde de euforia que ha pasado a la historia del club. Una semana más tarde ese mismo grupo de hombres derrotaría a los Atlanta Falcon, ganadores de la National Football Conference (NFC) de aquel año en la final de una de las Super Bowl más recordadas de los últimos tiempos y en la que los Patriots ganaron el título tras una remontada épica.

Lógicamente, no era la primera vez que la canción hacía vibrar las gradas de un estadio. Desde que Bon Jovi la lanzó en 1986 como *single* de *Slippery When Wet*, «Livin' on a Prayer» ha sido uno de los temas más exitosos de esta banda de New Jersey y nunca ha faltado en el repertorio de sus directos. La escribieron a cuatro manos Jon Bon Jovi y Richie Sambora y en un principio no pensaban incluirla en el álbum ya que al cantante no le parecía lo suficientemente buena. Pero finalmente Sambora le convenció y la canción acabó siendo el segundo sencillo del disco. El tema tiene un estribillo muy exigente que hacía que al vocalista le costara mucho llegar a las notas más altas y que, fruto de este esfuerzo, sufriera graves afonías. Así que, poco a poco, dejó de cantarlas y desde hace años, cuando llegan a este momento de la canción, es el resto de la banda quien se encarga de entonarlas. Este relevo vocal se mantiene también en la versión acústica del tema que Bon Jovi presentó en 1989 y que también se ha hecho muy popular entre sus seguidores.

Olga Suanya

THE RISING
Bruce Springsteen

Se producen los atentados del 11S
(11 de septiembre de 2001)

El once de septiembre de 2001 a las 08:46 de la mañana, el vuelo 11 de American Airlines con 92 personas a bordo procedente de Boston y con destino Los Ángeles choca contra la Torre Norte del World Trade Center de Nueva York. Diecisiete minutos más tarde, en medio de la confusión generada por este impacto, y ante las cámaras de televisión que enfocaban la espesa humareda que salía del edificio, el vuelo 175 de United Airlines que hacía la misma ruta con 65 pasajeros embiste la otra Torre Gemela. Las imágenes se retransmiten en directo para todo el mundo y lo que ya empieza a sospecharse que es un ataque terrorista se acaba confirmando cuando, al cabo de poco más de media hora, un tercer avión se estrella contra el Pentágono.

Pocos días después de los ataques del 11S, y con todo el país aún conmocionado, explican que un desconocido vio a Bruce Springsteen por la calle, y sin pensárselo, se detuvo cerca de su coche, bajó la ventanilla y le dijo «Te necesitamos». Esta súplica espontánea impactó al músico que, como artista comprometido, en las grandes ocasiones siempre ha sabido actuar ejerciendo a la perfección su rol de líder moral. Así que unas semanas más tarde, The Boss se encerró con la E Street Band para empezar a trabajar en el disco que acabaría dedicando a todos aquellos que perdieron la vida en aquellos terribles atentados.

Hacía siete años que Bruce Springsteen no entraba a un estudio para grabar, pero la gravedad de la situación vivida y la herida que dejaba en la sociedad americana lo motivaron a implicarse activamente en la situación editando *The Rising*. Algunas de las canciones que incluyó, las había compuesto antes de los ataques terroristas, pero otras las escribió a partir de aquellos hechos. Con esta recopilación de 15 canciones quería crear, a través de la música, un catalizador de todo el dolor que se vivió ese día, pero también abrir una puerta a la esperanza. Un reto complicado en un momento muy delicado y que sólo alguien como él, podía afrontar y resolver con éxito.

Dentro de la selección de temas que Springsteen incluyó en *The Rising* hay dos dedicados a los bomberos que perdieron o arriesgaron la vida intentando salvar a las personas atrapadas en la Zona Cero: «Into the Fire» y «The Rising». Ese día murieron 343 de ellos y su encomiable labor convirtió este colectivo en uno de los héroes de la tragedia.

A partir de la figura de este héroe como símbolo de todo el cuerpo de bomberos, Springsteen intenta construir un mensaje de consuelo que lleve a reflexionar sobre el hecho de que por grave que sea una tragedia, ésta siempre se puede superar con fe y la ayuda incondicional de los demás. El concepto poderoso y edificante de resurgimiento colectivo que transmite el «the rising» (el levantamiento) que encabeza el título y el estribillo de la canción, se impone al relato individual y angustioso del resto de estrofas. Estos versos centrales envuelven a quien los escucha en una sensación de resurrección que apela a un sentimiento de comunidad muy arraigado en la sociedad americana y que se fortalece aún más en momentos de desesperación.

Con más de medio millón de copias vendidas en una semana, «The Rising» enseguida se colocó en las primeras posiciones de las listas musicales y con el tiempo se ha convertido en el álbum más vendido de la carrera de Bruce Springsteen. En los Grammy de ese año el músico se llevó tres de los premios a los que estaba nominado por este trabajo: el de mejor disco de rock por el álbum y los de mejor canción de rock y mejor interpretación vocal por «The Rising».

Olga Suanya

PSYCHO KILLER
Talking Heads

Muere el actor Anthony Perkins
(12 de septiembre de 1992)

A pesar de tener una trayectoria cinematográfica llena de éxitos y trabajos reconocidos, la figura de Anthony Perkins ha quedado asociada para siempre a uno de los personajes a los que dio vida en la gran pantalla: Norman Bates. La magistral interpretación del protagonista de Psicosis *en la versión que Alfred Hitchcock hizo en 1960 de la novela homónima de Robert Bloch lo marcó hasta sus últimos días. Bajo la dirección del maestro del suspense, Perkins se puso en la piel de un joven de apariencia inofensiva pero que guardaba a su madre disecada, sentada en una mecedora del comedor de su casa y que hizo famosa la frase «El mejor amigo de cualquier muchacho es su madre».*

El personaje de Norman Bates está basado en un asesino en serie real conocido como Ed Gein y que, a mediados de los años cincuenta, aterrorizó al estado de Wisconsin con sus macabros crímenes. En la película, Perkins interpreta el papel de un joven que sufrió abusos emocionales por parte de su madre, quien también le inculcó la idea de que las mujeres y el sexo eran elementos enviados por el diablo. Madre e hijo vivían los dos solos en una dependencia emocional enfermiza que afectó al chico hasta llegar al punto que, en un ataque de celos, la asesinó junto con su amante. Se deshizo del cadáver del hombre, pero el de ella lo conservó a la vez que iba desarrollando un trastorno de personalidad múltiple en el que asumía la personalidad de su progenitora como una forma de escapar de la culpa por haberla matado.

La actuación de Anthony Perkins en esta película ha sido unánimemente elogiada y se ha convertido en un icono del imaginario de los asesinos en serie de

ficción. Pero el Norman Bates de Perkins no sólo ha sido un referente para la construcción de otros personajes literarios y cinematográficos, sino que también ha tenido su influencia en el mundo de la música. Es el caso de «Psycho Killer», la canción que la banda de rock Talking Heads recogió para explicar la historia de un asesino en serie con pensamientos psicópatas inspirados en los de Norman Bates.

«Psycho Killer» no fue el mayor éxito de este grupo de Nueva York pero sí el primero. Este trío musical liderado por David Byrne como voz principal y guitarra, Chris Frantz en la batería y Tina Weymouth en el bajo y los coros, se conoció en la escuela de diseño de Rhode Island y debutó en diciembre de 1977 con *Talking Heads: 77*. Como no tenían suficiente material nuevo para incluir en este álbum, rescataron algunos temas, como «Psycho Killer», que Byrne y Frantz habían tocado anteriormente en un dúo que bautizaron como The Artistics. Originalmente esta canción fue escrita para ser interpretada como una balada, pero terminó convertida en un tema de reminiscencias funky y una de las líneas de bajo más memorables de la historia del rock.

KASHMIR
Led Zeppelin

Nace el explorador alemán Friedrich Konrad Hornemann
(15 de septiembre de 1772)

A finales del siglo XVIII, el gobierno británico creó la African Association, una entidad que tenía como objetivo promover el descubrimiento del interior del continente africano. Friedrich Konrad Hornemann fue uno de los exploradores que formó parte de esta organización y que con el tiempo se convirtió en la Royal Geographical Society. Hornemann participó en varias de expediciones que los llevaron a seguir el curso del Nilo escrutando zonas hasta entonces desconocidas, pero la hazaña por la que es recordado este aventurero de origen alemán es la que lo acredita como el primer europeo que cruzó el Sahara de Norte a Sur.

Con una superficie de más de nueve millones de kilómetros cuadrados, el Sahara es el desierto más grande del mundo y ha sido un referente recurrente en piezas de diferentes disciplinas artísticas. Ha sido escenario de novelas, set de rodaje de películas y también fuente de inspiración de temas musicales. Led Zeppelin es una de las bandas que tiene una canción creada en esta inmensa extensión de tierra desértica que ocupa la mayor parte del territorio de África del Norte.

Era 1973 y Jimmy Page y Robert Plant habían sido invitados al Festival Nacional de Folklore de Marruecos. Mientras atravesaban la vertiente atlántica del desierto sahariano en la ruta que los llevaba de Agadir a Sidi Ifni, Plant no podía parar de mirar desde la ventana del coche aquella tierra árida que discurría entre dunas, rehaciendo el camino que siglos antes habían abierto exploradores como Konrad Hornemann. Embriagado por la fascinación de aquella imagen, sacó lápiz y papel

y comenzó a escribir la letra de una canción que recogía los elementos que conformaban aquel paisaje.

La canción describía las sensaciones que ese paraje africano transmitía al cantante de Led Zeppelin, pero en el momento de ponerle título Plant decidió incluir una referencia geográfica que apuntaba hacia un destino muy distinto: Cachemira. Ninguno de los miembros de la banda había estado en esta zona norte del subcontinente indio pero sí que habían visitado el país en diferentes ocasiones y, fruto de estos viajes, en la música que hacían los Zeppelin en esos años setenta se podían reconocer elementos de influencia hindú. Así que Robert Plant se tomó la licencia de bautizar el tema con un topónimo que nada tenía que ver con los elementos que aparecían en su letra. De hecho, en un principio la canción debía titularse «Driving to Kashmir» pero finalmente decidió acortar la frase y dejarla simplemente como «Kashmir».

La banda grabó el tema el año siguiente a aquel viaje y lo incluyó en *Physical Graffiti*, su sexto álbum y que vio la luz en febrero de 1975. Está considerada como una de las piezas más originales e interesantes de Led Zeppelin y pese a sus casi ocho minutos y medio, una duración que hacía difícil que las emisoras de radio pudieran hacerla sonar de forma íntegra, la canción tuvo muy buena acogida por parte de los seguidores de la formación británica. A principios de los ochenta, Plant y Page se reunieron acompañados de una orquesta egipcia dirigida por Hossam Ramzi para hacer una espectacular versión en directo de «Kashmir» que también ha sido muy aclamada.

PROUD MARY
The Creedence Clearwater Revival

Nace el actor Jack Kelly, protagonista de la serie *Maverick*
(16 de septiembre de 1927)

Hijo de una popular actriz de teatro y hermano de una de las principales estrellas cinematográficas de los años treinta, Jack Kelly siguió la tradición familiar arraigada a la interpretación, pero en la pequeña pantalla. A mediados de los años cincuenta, la mitad de los hogares estadounidenses tenían un aparato de televisión y la producción de series se convertía en una nueva opción muy atractiva para los actores. Kelly probó suerte y pronto consiguió entrar en la plantilla de artistas de la Warner, los estudios con quien trabajó prácticamente durante toda su carrera. Comenzó haciendo papeles secundarios en diferentes producciones bastante exitosas, pero su gran momento llegó en 1957 cuando le ofrecieron ponerse en la piel de uno de los protagonistas de Maverick.

En plena época dorada de los westerns, la cadena norteamericana ABC apostaba por *Maverick*, una serie que llevaba a la televisión el éxito de los guiones ambientados en el viejo oeste americano que triunfaban en el cine. Relataba la historia de tres hermanos, Brett, Brent y Bart Maverick (este último interpretado por Jack Kelly), que se ganaban la vida jugando al póquer y se veían involucrados en diferentes vicisitudes. A lo largo de los cinco años que se emitieron, los episodios de *Maverick* reunieron a millones de americanos frente al televisor para seguir las aventuras de aquellos personajes. Y fue precisamente viendo una reposición de aquellos capítulos en 1968 que el bajista de la Creedence Clearwater Revival encontró el elemento que les faltaba para terminar de cerrar los versos del que sería el primer gran éxito de la banda californiana.

John Fogerty estaba escribiendo la letra de un tema que ya había decidido que titularía «Proud Mary» y que contaba la historia de una mujer que trabajaba como asistente doméstica. Se la imaginaba yendo cada día al trabajo para sacar adelante su vida y sintiéndose orgullosa de todos los esfuerzos que hacía para huir de su miserable realidad. Pero mientras anotaba los primeros versos, Stu Cook apareció con una variante como propuesta. Acababa de ver un capítulo de *Maverick* donde aparecía una de aquellas barcazas movidas por grandes ruedas de palas que bajaban por el río Misisipi y pensó que aquella imagen podía ser una buena metáfora de lo que tenía Fogerty en mente. Al cantante le gustó la idea y con este nuevo enfoque fluvial terminó la letra de «Proud Mary», convirtiendo aquella abnegada mujer de la limpieza en una imponente barca rodando por el río haciendo girar su gran rueda.

Con la parte lírica terminada, Fogerty se encargó de poner música a aquella estructura. Fogerty recuerda que cogió la guitarra y la empezó a rascar dejándose llevar por los versos de aquel «Proud Mary» que aún estaba huérfano de melodía. Le costó muy poco encontrar los acordes precisos y cuando llegó al «Rolling, rolling, rolling on the river» del estribillo, confesó que en ese momento supo que había escrito la mejor canción de su vida.

«Proud Mary» se lanzó al cabo de unos meses como *single* de *Bayou Country*, el segundo álbum de la Creedence Clearwater Revival y rápidamente se confirmó como el éxito que había predicho Fogerty. Encabezó listas musicales de todo el mundo y muy pronto se convirtió en uno de los grandes clásicos del rock. Y mientras la canción colocaba a la banda entre las estrellas musicales del momento, el actor que dio vida a uno de los protagonistas de la serie y que inspiró el tema finalizaba su carrera artística. En aquellos primeros años de los setenta, Jack Kelly cambió los sets de rodaje por la política local convirtiéndose en el alcalde de la ciudad californiana de Huntington Beach. Su eslogan de campaña: «Deje que Maverick resuelva sus problemas».

FREE BIRD
Lynyrd Skynyrd

Muere William Harley, uno de los fundadores de Harley Davidson
(18 de septiembre de 1943)

Más allá de una marca de motocicletas, Harley Davidson es el símbolo de todo un estilo de vida. La compañía fue fundada a principios de siglo XX por William S. Harley y su amigo de infancia Arthur Davidson en Milwaukee, siendo ambos muy jóvenes. Empezaron trabajando con modelos de bicicleta a los que pronto le incorporaron un motor de gasolina para propulsar el vehículo. La evolución de estos primeros prototipos y su posterior comercialización pronto convirtió aquel taller en el fabricante más grande de motos de Estados Unidos.

Lynyrd Skynyrd es seguramente una de las bandas con una trayectoria más longeva, completa, polémica y accidentada de la historia del rock. Más de medio siglo de actividad; el gran número de músicos que han tocado en la banda; las controversias generadas a su alrededor; y la fatalidad de un accidente aéreo en el que murieron el cantante fundador, parte de los músicos y el manager del grupo, lo acreditan.

Los orígenes de esta formación musical se remontan al verano de 1964. En un partido de béisbol juvenil el vocalista Ronnie Van Zant conoció al batería Bob Burns y al guitarrista Gary Rossington, que ya hacía algún tiempo que ensayaban juntos con Larry Junstrom que los acompañaba con el bajo. Invitaron a Van Zant a que cantara con ellos y poco tiempo después otro guitarrista, Allen Collins, se incorporó también a aquellas sesiones. Burns y Rossington iban juntos al Robert E. Lee High School de Jacksonville, donde tuvieron problemas con un profesor de gimnasia llamado Leonard Skinner quien, sin saberlo, acabó convirtiéndose en el inspirador del nombre que finalmente adoptarían cuando se constituyeron definitivamente como banda. Pero para evitar posibles represalias cambiaron algunas de las letras y sustituyeron todas las vocales del nombre y el apellido de aquel maestro por la letra «y», en referencia a The Byrds, uno de los grupos que más admiraban.

Después de cinco años de cambios en la formación inicial y varias grabaciones de maquetas y sencillos, Lynyrd Skynyrd publicó su primer álbum, un trabajo que titularon con la explicación de la pronunciación de aquel estrambótico nombre que habían elegido como banda: ('Leh-'nérd' skin-'nérd). El disco incluía «Free Bird», un tema escrito por Billy Powell antes de incorporarse como pianista de la banda. En un principio tenía que ser una balada pero finalmente decidieron animarla añadiendo una sección rítmica a base de guitarras en la parte final. A la hora de editarla, los músicos quisieron dedicar esta canción a Duane Allman que había perdido la vida en un accidente un año y medio antes.

Duane Allman era un enamorado de las Harley-Davidson. Aquel 29 de octubre de 1971 Allman cogió su Chopper para ir a la fiesta de cumpleaños que el bajista Berry Oakley había organizado para su novia. Conducía deprisa y no tuvo tiempo de reaccionar cuando el camión que se le acercaba en sentido contrario comenzó a girar quedando atravesado en medio de la calzada. El guitarrista no lo pudo esquivar y terminó estrellándose contra la carrocería del vehículo de carga mientras él salía disparado por los aires, perdiendo el casco y aterrizando bajo su moto. Las graves heridas y los derrames internos que sufrió en el accidente hicieron que Duane Allman muriera a las pocas horas en el hospital. Tenía sólo 24 años y bajo aquella Harley-Davidson destrozada quedó truncada la trayectoria de quien dicen que hubiera podido convertirse en uno de los mejores guitarristas de la historia. El homenaje que Lynyrd Skynyrd le hizo dedicándole «Free Bird» es uno de los tributos más merecidos a su figura.

LADY MADONNA
The Beatles

Se publica el primer número de la revista *National Geographic*
(22 de septiembre de 1888)

El 22 de septiembre de 1888 salía a la calle el primer número de la revista National Geographic. *Nació con el objetivo de dar difusión a los contenidos de las expediciones e investigaciones de la National Geographic Society, la entidad creada en enero de ese mismo año con la voluntad de promover y divulgar entre el gran público conocimientos y avances en el ámbito de la geografía mundial. Desde entonces, se ha publicado cada mes ininterrumpidamente y ha ido incorporando nuevas disciplinas de interés como la arqueología, las ciencias naturales, la antropología, la historia y el medio ambiente, convirtiéndose en todo un referente mundial que actualmente se edita en 34 idiomas.*

Además de contener artículos con historias de rincones de todo planeta, la revista *National Geographic* es ampliamente reconocida por su calidad de edición y especialmente por la espectacularidad de las fotografías que publica. Y fue precisamente una de estas imágenes la que inspiró uno de los temas clásicos de los Beatles: «Lady Madonna».

El cuarteto de Liverpool lanzó este tema como sencillo en marzo de 1968 y pronto se situó en las primeras posiciones de las listas de éxitos de Gran Bretaña y Estados Unidos. Lo escribieron Paul McCartney y John Lennon intentando emular el estilo de Fats Domino, que en aquel momento era uno de sus ídolos. Con el *boogie-woogie* de su piano y su característica voz de ritmo suave, este músico dio un giro a la música que se hacía en Nueva Orleans a principios de los cincuenta y contribuyó en la evolución que la llevó hacia la creación del rock and roll. McCartney explicó que para componer la canción se inspiró en algunas

piezas de Fats Domino y que mientras buscaba el sonido de aquella referencia que tanto admiraba, se dejó llevar hasta el punto que terminó intentando imitar la voz del músico de Luisiana. Fats Domino se lo tomó como un halago y, pocos meses más tarde, devolvía a los Beatles aquel pequeño homenaje, grabando su propia versión de «Lady Madonna».

En noviembre de 2017 Paul McCartney reveló una nueva información sobre la composición de este tema. Lo hizo en una entrevista que le hizo la editora jefe de *National Geographic*, Susan Goldberg, con motivo de la presentación del documental *One day a week* sobre la campaña vegetariana «Lunes sin carne», de la que el músico es un firme defensor. En el transcurso de la conversación, McCartney explicó que para escribir la letra de Lady Madonna se inspiró en una fotografía que había publicado la revista *National Geographic* en 1965. Era una imagen que ilustraba un reportaje sobre las tribus que habitan las zonas más remotas de Vietnam en la que aparecía una mujer semidesnuda amamantando a un bebé mientras vigilaba otra criatura sonriente a sus pies. En el crédito de la foto se podía leer «Mountain Madonna».

McCartney recordó que aquella fotografía y el texto que la acompañaba lo transportaron a una imagen recurrente de la iconografía católica y que, a partir de ahí escribió el título y la letra de una canción que traslada este vínculo materno-filial a un entorno culturalmente más cercano al del músico. Encabezando el primer verso de tres de sus estrofas, McCartney recogió la esencia de aquella imagen publicada en aquel ejemplar de 1965 de *National Geographic*: «Lady Madonna, children at your feet» («Lady Madonna, niños a tus pies») y «Lady Madonna, children at your breast» («Lady Madonna, niños en tu pecho»).

Olga Suanya

RAMBLE ON
Led Zeppelin

J.R.R. Tolkien publica *El viaje de Éarenel, la Estrella Vespertina*
(24 de septiembre de 1914)

Gracias a sus dos obras más populares, El Hobbit *y* El Señor de los Anillos, *J.R.R. Tolkien se ha convertido en uno de los autores de referencia de la literatura fantástica moderna. Pero más allá de ser un escritor de* best sellers, *la verdadera vocación de este autor era la lengua y, concretamente, la creación de lenguas nuevas, para las que concibió todo un mundo con su historia y su base mitológica. Dentro de este universo al que llamó Arda situó la Tierra Media, el continente ficticio donde sucedían la mayor parte de los relatos que escribió a lo largo de casi medio siglo y que conforman un completo legendario. Los estudiosos del autor consideran que el momento fundacional de esta Tierra Media que Tolkien imaginó es* El Viaje de Éarenel, la Estrella Vespertina, *el poema que publicó el 24 de septiembre de 1914.*

Los personajes y lugares de la Tierra Media de Tolkien han sido fuente de inspiración para varias formaciones musicales. Sin embargo, de todas ellas Led Zeppelin es posiblemente la banda que más referencias a la obra de este autor ha incluido en sus canciones. Tanto Jimmy Page como Robert Plant son grandes admiradores del imaginario de este autor. Hasta llegar al punto que Plant incluso bautizó a su perro con el nombre de *Strider* («Trancos», en la versión en español) que es el apodo con el que se conoce al personaje Aragorn. Aunque los elementos de la Tierra Media están presentes en varias canciones del grupo, «Ramble On» es la que los recoge de una manera más explícita. Y es que a lo largo de su letra los integrantes de Led Zeppelin hacen distintas referencias a paisajes, localizaciones y personajes que evocan los descritos en el imaginario de la obra de Tolkien.

«Leaves are falling all around / It's time I was on my way / Thanks to you I'm much obliged / For such a pleasant stay» («Las hojas caen por todos lados / Ya es hora de que esté en camino / Gracias a ti estoy muy agradecido / Por esta estancia tan placentera») canta Plant en la primera estrofa. Estos versos de *El Señor de los Anillos* son una paráfrasis del inicio del poema *Namárië*, el texto en lengua Quenya más extensa. Conocido también como *El lamento de Galadriel*, este canto expresa el dolor que sienten los elfos al abandonar la Tierra Media cuando ésta pasa a ser de dominio de los hombres. En la segunda parte de la canción ya se citan directamente nombres propios de la obra de Tolkien, como por ejemplo cuando cantan «*T'was in the Darkest Depths of Mordor, I met a girl so fair, But Gollum and the evil one crept up, And slipped away with her*» («Estaba en las profundidades más oscuras de Mordor, conocí a una chica tan bonita, pero Gollum y el malvado se arrastraron, y se escaparon con ella»).

Page y Plant incluyeron «Ramble On» en el álbum *Led Zeppelin II* que la banda grabó en 1969 en los estudios Juggy Sound de Nueva York. Rápidamente se convirtió en uno de sus temas referentes y, de hecho, la revista *Rolling Stone* la incluyó en la selección de las 500 mejores canciones de la historia. Una pieza que forma parte de la cultura musical universal y que, al igual que todo el imaginario literario que la inspiró, aún hoy es totalmente vigente.

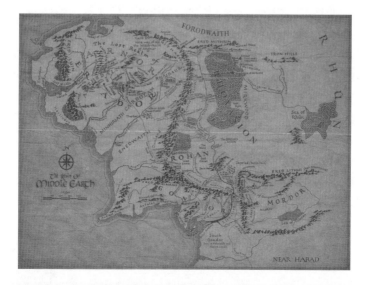

Olga Suanya

WEST END GIRLS
Pet Shop Boys

Nace el escritor T.S.Eliot
(26 de septiembre de 1888)

Poeta, dramaturgo y crítico literario, T.S. Eliot es uno de los autores más relevantes de la poesía en inglés del siglo XX. Nació en Estados Unidos pero con 25 años decidió trasladarse al Reino Unido y allí fue donde desarrolló gran parte de su obra. The Waste Land (La tierra baldía), su título más célebre, está considerado como uno de los poemas más importantes de la literatura inglesa.

Pet Shop Boys es una de las bandas de pop electrónico británico más icónicas. Sus cuatro décadas de actividad, con catorce álbumes editados y una larga lista de premios a su trabajo y trayectoria así lo acreditan. Neil Tennant y Chris Lowe se conocieron en los años ochenta, cuando Tennant trabajaba en el sector editorial y Lowe estaba terminando sus estudios de arquitectura. A pesar de sus diferencias de personalidad e intereses, ambos compartían su afición por componer canciones y pronto comenzaron a hacer cosas juntos como Pet Shop Boys. Un trabajo que al cabo de poco tiempo tuvo su reconocimiento, cuando su primer sencillo «West End Girls» se convirtió en todo un número uno en las principales listas musicales.

Tenant comenzó a escribir la canción una tarde que estaba en casa de un primo suyo en Nottingham. Acababa de ver una película de gánsteres antigua protagonizada por James Cagney cuando de repente la frase de uno de los personajes captó su atención: «*Sometimes you're better off dead, there's a gun in your hand and it's pointing at your head*» («a veces te encuentras mejor muerto, tienes una pistola en la mano y te está apuntando a la cabeza»). Esta línea de texto le sirvió como versos de inicio y a partir de ahí encadenó el resto de letra del tema.

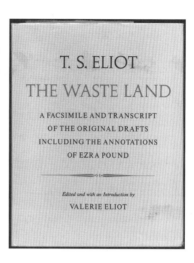

Para el resto de la canción se inspiró en el poema de T.S. Eliot *The Waste Land*, uno de los textos fundamentales de la literatura inglesa del S. XX y en el que se describen diferentes caras de la muerte. Tenannt hacía tiempo que conocía esta obra y había quedado cautivado por las diferentes voces que en ella se recogían y que a lo largo del poema se presentaban casi como una especie de collage. A partir de este concepto y buscando una similitud sonora con el título del poema de Eliot (Waste / West End), escribió la letra de «West End Girl».

La estructura de la canción le permitió abrir el mensaje a diferentes personajes como si lo hicieran desde las ondas de diferentes emisoras de radio clandestinas «*too many shadows, whispering voices*» («demasiadas sombras, voces susurrando») recita en un momento del tema. Aparte de otras referencias a la obra de Eliot que se esconden en la letra, Tennant quiso hacer un homenaje explícito al autor, incluyendo en la canción una cita directa de *The Waste Land*: «*Just you wait 'till I get you home*» («sólo esperad hasta que yo que os lleve a casa»).

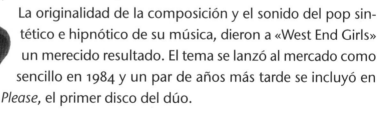

La originalidad de la composición y el sonido del pop sintético e hipnótico de su música, dieron a «West End Girls» un merecido resultado. El tema se lanzó al mercado como sencillo en 1984 y un par de años más tarde se incluyó en *Please*, el primer disco del dúo.

MIDNIGHT SPECIAL
The Creedence Clearwater Revival

Nace Arthur Sullivant Hoffman, editor de la revista *Adventure*
(28 de septiembre de 1876)

A finales del siglo XIX irrumpía en el sector editorial un nuevo tipo de publicación que fue muy popular en Estados Unidos hasta mediados del siglo siguiente: las revistas pulp. Eran revistas de ficción y contenidos variados que se vendían a un precio muy económico gracias a su impresión en papel de pulpa de madera que permitía abaratar el precio. De todas las cabeceras que surgieron en aquella época en todo el país Adventure *fue una de las más rentables y aclamadas por la crítica. Salió por primera vez en noviembre de 1910 y durante más de sesenta años se publicó con una periodicidad trimensual. El alma de este producto tan exitoso durante sus dos primeras décadas de vida fue Arthur Sullivant Hoffman, quien sería el editor de* Adventure *desde 1912 hasta 1927.*

Arthur Sullivant Hoffman fue uno de los editores más destacados de la revista *Adventure*. Creó una selecta red de escritores de renombre que periódicamente publicaban sus historias de ficción sobre aventuras pero también incorporó a la revista varias secciones que tuvieron muy buena acogida entre los lectores. Una de las más populares fue la titulada «Old Songs Men Have Sung» («Canciones antiguas que los hombres han cantado»), una columna sobre canciones populares americanas de la que se encargaba Robert W. Gordon, quien años más tarde dirigiría el archivo de temas populares de la Biblioteca del Congreso de Estados Unidos.

Fue precisamente en esta sección cuando en 1923 apareció la primera referencia impresa de la que se tiene constancia de «Midnight Special». El artículo presentaba este tema tradicional y debatía sobre su historia, apuntando como su origen más probable que hubiera surgido de los campos de prisioneros del sur del país. A raíz de la columna de Gordon, cuatro años más tarde, el poeta e historiador Carl Sandburg publicó dos versiones diferentes de la letra «Midnight Special» en

su antología de canciones populares titulada *The American Songbag*, un hecho que ayudó a rescatar y dar a conocer la pieza las décadas siguientes. Durante los años cuarenta y cincuenta varios músicos la incorporaron en sus repertorios, pero el momento de máxima popularización del tema llegó cuando a finales de 1969 la Creedence Clearwater Revival decidió hacer su propia interpretación e incluirla en el álbum *Willy and the Poor Boys*.

La banda californiana venía de encajar un fuerte revés por el hecho de no haber aparecido ni en el vídeo ni en la banda sonora que se editó de Woodstock. El líder y vocalista del grupo John Fogerty había manifestado su descontento con la organización del festival y con su propia actuación, que se retrasó hasta más allá de las tres de la madrugada (dos horas más tarde de lo previsto) por lo que cuando ellos salieron al escenario gran parte del público ya se había marchado. Tras este revés, la formación se encerró para preparar lo que sería su cuarto trabajo de estudio en sólo dos años y en el que incluyeron, como habían hecho en sus discos anteriores, un par de versiones de temas clásicos. En esta ocasión las canciones escogidas fueron «Cotton Fields» y «Midnight Special», una de las piezas que ayudó a consolidar definitivamente a la banda.

En el entorno carcelario en el que fue compuesta la canción, se contaba la leyenda que quien era iluminado por la luz del Expreso de Medianoche iba a conseguir la libertad. Así, este tren que se mencionaba en el estribillo se erigía como una metáfora de la posibilidad de escapar hacia una nueva vida. Los versos de «Midnight Special» describiendo escenas cotidianas de la vida marginal de las tierras del sur de Estados Unidos encajaban perfectamente con el imaginario que la banda recogía en sus canciones. Y este hecho, junto con la motivación para recuperar una pieza tradicional de la cultura americana, animó a Fogerty a grabarla poniendo las dosis de blues y rock con la que el grupo impregnaba sus creaciones musicales.

Olga Suanya

EVERYDAY IS LIKE SUNDAY
Morrissey

Nace el director de cine Stanley Kramer
(29 de septiembre de 1913)

Hijo de emigrantes alemanes, Stanley Kramer se inició en el cine durante la Gran Depresión de los años treinta. La influencia de este contexto y de la política del New Deal aplicada por Franklin D. Roosevelt para hacer frente a esta crisis económica impregnó su obra de cierta militancia intelectual y le llevó a ganarse cierta fama de outsider *de la industria de Hollywood de la época. Entre su filmografía destacan títulos como* Furtivos, El Juicio de Nuremberg, Adivina quién viene a cenar esta noche *o* El mundo está loco, loco, loco...

Un mes de septiembre de finales de los ochenta, Morrissey visitó la localidad portuaria de Borth, en Gales. Hacía poco que habían acabado las vacaciones de verano y las calles del pueblo, vacías de gente y actividad comercial, transmitían una sensación casi fantasmagórica. Esta imagen solitaria cercana al abandono de aquella población costera, impactó al músico británico y le hizo pensar en una novela que hacía poco había caído en sus manos: *On the Beach* (*La hora final* en su versión en español), una obra del escritor británico Nevil Shute que relata la historia de un grupo de personas que espera en Melbourne la llegada de un inminente holocausto nuclear. Publicado en 1957 este libro tuvo muy buena acogida y aún se hizo más popular al cabo de tres años cuando el director neoyorquino Stanley Kramer hizo su adaptación cinematográfica con una película post-apocalíptica protagonizada por Gregory Peck y Ava Gardner.

Morrissey hacía poco que acababa de abandonar The Smiths y comenzaba a trabajar en los temas que debían formar parte de su debut en solitario. Y en este estado creativo, el músico británico captó la esencia de aquella mezcla de sentimientos de soledad, devastación e inactividad que le transmitía aquel pueblo turístico fuera de temporada y las referencias a *On the beach* y la usó como fuente de inspiración para escribir «Everyday Is Like Sunday». A través de sus versos, Morrissey recogió instantáneas que combinaban imágenes de ambas referencias y que acababan conformando todo un imaginario de sensaciones muy cercanas a las que se puede tener un domingo donde todo está cerrado y el vacío de las calles se apodera del estado de ánimo gris que hace pensar que se acerca del fin del mundo.

Pocos meses después de terminarla, Morrissey grabó «Everyday Is Like Sunday» junto con el resto de temas que seleccionó para *Viva Hate*, su primer trabajo discográfico como solista y que se publicó a principios de 1988.

La canción se presentó como segundo sencillo del disco y pronto escaló posiciones en las listas musicales, llegando al Top Ten del ranking de singles del Reino Unido y convirtiéndose en una de las canciones más populares de este excéntrico autor. De entre las versiones que han hecho del tema otros artistas, destaca la de Chrissie Hynde con The Pretenders en una adaptación para la banda sonora de *Boys on the side* (traducida como *Sólo ellas... los chicos a un lado*) y que tuvo bastante éxito a mediados de los noventa.

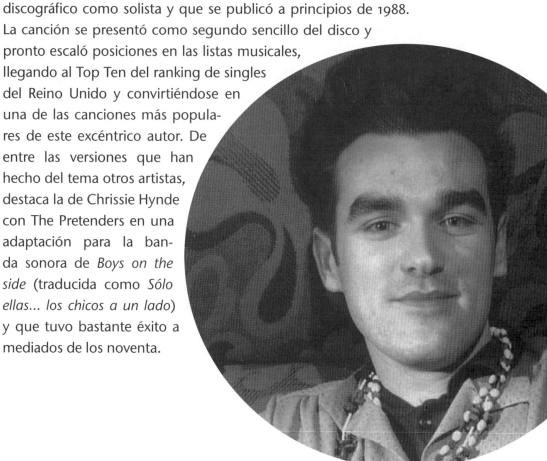

Olga Suanya

HIGHWAY TO HELL
AC/DC

En Panamá se produce el golpe militar fallido contra la dictadura del General Noriega
(3 de octubre de 1989)

El 3 de octubre de 1989 se produjo un intento de golpe militar para derrocar al General Noriega del Gobierno de Panamá. Sin embargo, el golpe de Estado liderado por Moisés Giroldi no tuvo éxito y el dictador se mantuvo en el poder hasta que en 1989 fue definitivamente apartado por Estados Unidos cuando invadieron este país de América Central.

Durante la década de los cincuenta, el General Noriega se convirtió en una de las fuentes de inteligencia más valiosas del gobierno estadounidense, así como una de las principales vías de tráfico de armas, equipo militar y fondos destinados a fuerzas de contrainsurgencia latinoamericanas financiadas por Estados Unidos. Esta colaboración se rompió en diciembre de 1989 cuando el presidente George H.W. Bush ordenó la invasión de Panamá, en una acción en la que participaron más de 24.000 soldados. La operación, que se cobró miles de muertes de civiles y militares, causó el desmantelamiento de las fuerzas militares panameñas, el caos económico y social en el país y, finalmente, la detención de Noriega.

Noriega buscó de forma desesperada para tratar de escapar de los americanos. Probó diferentes opciones y finalmente encontró refugio en la Nunciatura Apostólica de la Ciudad de Panamá. Ante la imposibilidad de poder franquear los muros de esta sede vaticana, las fuerzas estadounidenses optaron por rodear el edificio y forzar la rendición del dictador utilizando un arma secreta: rock duro a todo trapo. Los soldados americanos instalaron unos potentes altavoces en los vehículos militares desde los que hicieron sonar sin parar durante tres días «Highway to Hell» de AC/DC. Noriega era un gran amante de la ópera, y para él tener que soportar esa música de los hermanos Young y Bon Scott casi

sin interrupción y a un volumen ensordecedor fue una auténtica tortura. Tanto, que finalmente acabó rindiéndose y entregándose a las fuerzas estadounidenses.

«Highway to Hell» era la canción que había dado nombre al sexto álbum de estudio de esta banda australiana formada a principios de los setenta. Lo publicó el verano de 1979 y fue el último que grabó Bon Scott, que murió por una intoxicación etílica a los seis meses del lanzamiento del disco. Cuando diez años más tarde se convirtió en la canción que consiguió acabar con la paciencia de Noriega acorralado dentro la embajada vaticana en Panamá, el nuevo vocalista de la banda, Brian Johnson declaró: «Creo que después de esto el Papa nunca nos llamará para que toquemos para él».

Olga Suanya

LOVER, LOVER, LOVER
Leonard Cohen

Estalla la Guerra del Yom Kippur
(6 de octubre de 1973)

Iniciada el 6 de octubre de 1973, la guerra del Yom Kippur fue un conflicto entre Egipto y Siria para recuperar los territorios perdidos del Sinaí y los Altos del Golán y que estaban en manos de Israel desde 1967, cuando terminó la Guerra de los Seis Días. Los árabes tomaron por sorpresa a los hebreos en el día el Yom Kippur, la festividad más importante del calendario judío, y aprovechando la desmovilización del ejército por aquella celebración hicieron una rápida penetración en estos dos enclaves estratégicos. Durante casi tres semanas se sucedieron intensos combates entre ambos ejércitos, el israelí abastecido  *por Estados Unidos y el egipcio y el sirio por la Unión Soviética, hasta que la escalada bélica fue tan extrema que Washington y Moscú acabaron reuniéndose para redactar un plan de paz que permitiera poner fin a las hostilidades y evitar así un enfrentamiento directo entre las dos superpotencias. El 24 de octubre, cuando las tropas israelitas estaban ya a tan sólo 40 kilómetros de Damasco y a un centenar de El Cairo, se declaró el alto al fuego.*

A principios de los setenta, Leonard Cohen se trasladó con su pareja Suzanne y su hijo Adam a la isla griega de Hydra. A Cohen, hijo de un sastre judío y nieto de un rabino, las noticias que llegaban aquellos días de la Guerra del Yom Kippur a través de los medios de comunicación le generaron la necesidad de ir a echar una mano al pueblo de Israel. Así que sin pensarlo dos veces tomó un avión y se plantó en Tel Aviv con la intención de presentarse como voluntario en un kibutz, ya que el reclutamiento de soldados había dejado las granjas colectivas muy cortas de mano de obra. Pero nada más llegar a la ciudad el músico y poeta canadiense fue reconocido por Oshik Levi, un cantante local que rápidamente le propuso una idea que le hizo cambiar de planes.

Levi hacía tiempo que tocaba con Matti Caspi, uno de los músicos con más talento de Israel. Ambos habían decidido ir a tocar para los soldados movilizados con el fin de animarles y al ver la predisposición de Cohen, le propusieron que se les uniese. La primera reacción del cantautor fue plantearse si sus canciones, más bien tristes, eran las más adecuadas para levantar la moral de la tropa, pero Levi y Caspio lo convencieron y los tres se desplazaron al frente. Ante la buena acogida que sus actuaciones tuvieron entre los soldados, Cohen manifestó su intención de quedarse en Israel hasta que acabara aquella guerra, argumentando que la supervivencia del pueblo judío formaba parte de sus compromisos.

Pero además de tocar, durante esos días el cantautor canadiense también encontró tiempo para componer. Tras una de sus actuaciones en el Sinaí, encontró un rincón bastante tranquilo para sacar su libreta y comenzó a escribir la que más tarde se convertiría en uno de sus temas más populares. «Lover, Lover, Lover» se convirtió así en el tributo que Cohen dedicó a los combatientes de aquella guerra del Yom Kippur. La estrenó allí mismo, en uno de los conciertos que ofreció en el frente, presentada como «Lover Come Back to Me» y la aceptación que tuvo entre los soldados, le animó a incluirla en *New Skin for the Old Ceremony*, el disco que lanzó en agosto de 1974. Cohen cantaba a esos jóvenes soldados «And may the spirit of this song, may it rise up pure and free, may it be a shield for you, a shield against the enemy» («Y que el espíritu de esta canción se eleve puro y libre, que sea un escudo para tí, un escudo contra tu enemigo») y con estos versos intentaba que su música se convirtiera en un recurso de defensa espiritual para los israelíes destinados en el frente.

SILVER AND GOLD
U2

Nace el reverendo Jesse Jackson
(8 de octubre de 1941)

Jesse Jackson fue uno de los colaboradores más cercanos de Martin Luther King. En 1965 le acompañó en la marcha que llevó al movimiento por los derechos civiles desde Selma a Montgomery y también fue una de las personas que estaba con él la tarde que lo asesinaron. La lucha por la defensa de los derechos de las personas, la justicia social y la igualdad de oportunidades guiaron su trayectoria durante los años sesenta y setenta. Unos principios que más tarde intentó defender también desde el ámbito político, como candidato del Partido Demócrata durante la década de los ochenta.

Cuentan que el verano de 1985 Bono coincidió con Keith Richards y Mick Jagger en un estudio de grabación de Nueva York. Los dos veteranos músicos británicos se distraían cantando viejos temas de los Stones y al ver al líder de U2 le acercaron la guitarra y le pidieron que les tocara alguna de sus últimas canciones. La banda irlandesa hacía ya hacía unos meses que había lanzado *The Unforgettable Fire*, su quinto álbum, y Bono se sintió un poco avergonzado al tener que confesarles que no tenía ninguna pieza nueva para mostrarles. Esa misma noche, se encerró en la habitación del hotel donde se alojaba y compuso de un tirón «Silver and Gold».

Es una canción contra el Apartheid, la política racista que regía Sudáfrica desde la década de los cincuenta y que denunciaba la difícil situación de Nelson Mandela, encarcelado desde 1960 por intentar luchar contra este sistema. Por su temática y dimensión, «Silver and Gold» está considerada como una de las canciones líricamente más conseguida hasta entonces por Bono. Y para muchos, marca un punto de inflexión en su trayectoria como letrista comprometido con la lucha

contra las grandes injusticias sociales y la violación de los derechos humanos en todo el mundo.

A la hora de crear la canción, el líder de U2 recurrió a varias referencias literarias e históricas que enriquecen el significado de todo lo que con ella quería transmitir. En algunos versos, por ejemplo, hay menciones a la obra de Brendan Behan, un poeta y activista irlandés que fue encarcelado durante ocho años por su colaboración con el IRA. Pero seguramente la alusión más destacada es la que hace a la figura del reverendo Jesse Jackson, uno de los grandes activistas de los derechos civiles en Estados Unidos, el movimiento surgido en los años sesenta y que se convirtió en un fenómeno inspirador y referente en muchos otros países. En homenaje a su figura, Bono incluyó en la canción una de las frases más célebres del reverendo Jesse Jackson y que se recoge en el que se conoce como el discurso *I am somebody*.

La canción se estrenó en diciembre de 1985 en un formato acústico en el disco *Artists United Against Apartheid*, un trabajo colaborativo entre diferentes músicos para concienciar sobre el problema de segregación racial en Sudáfrica. Este proyecto liderado por Steve Van Zandt contó, además de Bono, con la participación de músicos como Bruce Springsteen, Lou Reed, Keith Richards, Bob Dylan, Ringo Starr, Bonnie Raitt o Joey Ramone, se creó con la intención de lanzar una sola canción titulada «Sun City» donde cantaban todos ellos. Pero algunos grupos, U2 entre ellos, ofrecieron también otros temas, por lo que finalmente lo presentaron como un álbum completo.

Sin embargo, la versión más popular de «Silver and Gold» es la que la banda al completo ofreció en 1986 en las sesiones en directo de *The Joshua Tree* y que en agosto del año siguiente recogerían en formato estudio en la cara B del single «Where the Streets Have no Name».

Olga Suanya

MRS. ROBINSON
Simon & Garfunkel

Nace Eleanor Roosevelt
(11 de octubre de 1884)

Eleanor Roosevelt ha pasado a la historia como una de las Primeras Damas de Estados Unidos más destacadas. Y de hecho, el presidente Harry S. Truman, sucesor de su marido Franklin D. Roosevelt, se refirió a ella como la «Primera Dama del Mundo». Su incansable activismo social y humanitario la convirtió en una de las mujeres más influyentes del siglo XX. A lo largo de su vida luchó por los derechos civiles de los afroamericanos, las mujeres y los trabajadores más desfavorecidos, incluso cuando su posición difería de la política presidencial. Y este firme compromiso con la injusticia social, en 1945 la llevó a convertirse en la presidenta de la comisión que redactó la Declaración Universal de los Derechos Humanos que Naciones Unidas aprobaría tres años después.

El director de cine Mike Nichols siempre había sido un gran admirador de Simon & Garfunkel. Por eso cuando comenzó a trabajar en *El Graduado* decidió incluir tres de sus temas en la banda sonora. «The Sounds of Silence», «Scarborough Fair» y «April Come She Will» ya estaba previsto que sonaran en diferentes escenas, pero lo que de verdad le hacía ilusión a Nichols era que este dúo le compusiera un tema nuevo especialmente para la película.

Nichols se lo planteó, pero los músicos estaban muy ajetreados en aquella época entre conciertos y la preparación de un nuevo disco y no veían posible aceptar el encargo. Sin embargo, en una conversación Art Garfunkel le comentó al director que Simon estaba haciendo una canción titulada «Mrs. Roosevelt». Y cuando el cineasta se dio cuenta que el apellido «Roosevelt» tenía el mismo número de sílabas que el de la protagonista de *El Graduado* planteó al dúo que cambiaran el título por el de Mrs. Robinson y adaptasen la historia para que encajase en el guion del film. Paul Simon aceptó darle una vuelta al concepto para hacer lo que les pedía el cineasta y el resultado fue un auténtico éxito.

Simon reorientó parte de la letra que ya tenía escrita para contar la historia del personaje interpretado por Anne Bancroft, gracias al cual ganó el Globo de Oro a la mejor actriz en 1968. Sin embargo, se permitió la licencia de introducir algunos elementos referentes a la figura femenina que inicialmente había inspirado el tema y que no era otra que Eleanor Roosevelt, esposa del Presidente Franklin D. Roosevelt. Versos como «going to the candidates debate» («yendo al debate de candidatos»), en referencia al papel de quien fue primera dama de Estados Unidos desde 1933 a 1945 durante las campañas electorales que vivió junto a su marido; o «We'd like to help you learn to help yourself» («nos gustaría ayudarte a aprender a ayudarte») en alusión a su destacado activismo a favor de los derechos de las mujeres y los negros, poniendo por delante de sus intereses las ganas de ayudar a los demás; fueron pequeños detalles que Simon quiso esconder dentro de una canción en homenaje a la mujer a la que en un principio había querido dedicarla.

Olga Suanya

SGT. PEPPER'S LONELY HEARTS CLUB BAND
The Beatles

La emisora WKNR-FM de Detroit informa que Paul McCartney está muerto
(12 de octubre de 1969)

El 12 de octubre de 1969 saltaba una noticia que se convertiría en una de las leyendas urbanas más increíbles de la historia de la música: la supuesta muerte de Paul McCartney. Un oyente de Detroit así lo afirmó en uno de los programas más escuchados de la radio local. Y a partir de ese momento, la historia según la cual el músico habría muerto tres años antes y que un doble ocupaba su lugar fue extendiéndose durante las siguientes semanas y convenciendo cada vez más fans beatlelianos de aquella teoría.

Era una tarde apacible del domingo y en la WKNR de Detroit, una radio local de esta ciudad de Michigan, como cada fin de semana el locutor Russ Gibb se ponía ante los micrófonos para conducir *Night Call*, un programa que entre canción y canción entraba por antena las llamadas de los oyentes. Almas solitarias en busca de un poco de compañía, enamorados que querían dedicar una canción a su novia y personas que anhelaban su minuto de gloria a través de las ondas, formaban parte de los asiduos a este espacio que en aquella época se hizo muy popular. Sin embargo ese día el pánico se apoderó de los seguidores del programa cuando un joven universitario que se identificó como Tom, al ser preguntado por Gibb qué quería comentar, empezó su intervención con una contundente afirmación: «Paul McCartney está muerto». Desde el estudio se pudo escuchar una risa de fondo pero el chico, ajeno a esta reacción, explicó la teoría que corría por el campus según la cual el Beatle habría perdido la vida en 1966 en un accidente de tráfico y que desde entonces había sido sustituido por un doble.

El locutor, acostumbrado a oír historias inverosímiles sobre las estrellas del rock, intentó desviar la conversación pero el muchacho volvió a retomar el tema tratando de aportar pruebas a aquella revelación pidiendo a Gibb que hiciera sonar al revés «Revolution Nº9», un tema experimental en forma de collage sonoro compuesto a partir de fragmentos de canciones, ruidos, locuciones y efectos varios incluido en el *White Album* de 1968 y que reproducidos en sentido contrario al de la edición original desvelaban el auténtico contenido que se escondía detrás de esta canción.

Las pruebas de los defensores de la teoría sobre la muerte encubierta del músico consistían sobre todo en pequeños detalles que el resto de la banda habrían ido escondiendo en las canciones y las portadas de sus últimos discos para que sus seguidores los pudieran ir descubriendo. Entre ellos había por ejemplo el hecho de que reproduciendo «Strawberry Fields Forever» al revés se pudiera escuchar a John Lennon diciendo «I buried Paul» («yo enterré a Paul»); que en la portada de *Abbey Road* McCartney sea el único miembro de la banda que atraviesa descalzo el paso de peatones; o que en la de *Magical Mistery Tour* su disfraz de morsa sea negra en vez de blanca, como lo son la de Lennon, Harrison y Starr. Pero de todas estas supuestas evidencias, la que más aceptación tuvo fue la interpretación que se hacía de la foto de *Sgt. Pepper s Lonely Hearts Club Band* como la recreación del funeral de Paul McCartney, el único miembro de la banda que además en la contraportada aparecía de espaldas.

Las historias creadas alrededor de *Sgt. Peppers Lonely Hearts Club Band* y de la icónica portada creada por los artistas Peter Blake y Jann Haworth como un retrato colectivo de personajes relevantes de diferentes épocas, se vieron exageradas por la increíble historia de la muerte de McCartney que había surgido del programa radiofónico de Russ Gibb. A medida que pasaban los días el bulo iba creciendo y al cabo de unas semanas el músico concedió una entrevista a la revista *Life* con la que quiso acabar con los rumores de su muerte haciendo unas declaraciones donde, bromeando, terminó declarando que vista la situación «si estuviera muerto, creo que sería el último en enterarme».

Olga Suanya

A HARD RAIN'S A-GONNA FALL
Bob Dylan

Estalla la Crisis de los Misiles de Cuba
(14 de octubre de 1962)

El 14 de octubre de 1962 los analistas de la CIA mostraron al presidente John F. Kennedy unas fotografías captadas por uno de sus aviones espía que demostraban la presencia de misiles nucleares soviéticos de alcance medio en la isla de Cuba. La proximidad de aquel armamento a apenas 200 kilómetros de territorio estadounidense puso en alerta a todo el gobierno de los Estados Unidos y originaba uno de los momentos más críticos de la Guerra Fría: la Crisis de los misiles de Cuba. Durante dos intensas semanas millones de personas de todo el mundo estuvieron pendientes de aquel conflicto, asustadas ante la posibilidad de que acabara desencadenando la temida guerra nuclear con que amenazaban las dos superpotencias desde hacía décadas.

Los momentos de tensión que se vivieron los días en que se vivió la Crisis de los Misiles de Cuba tuvieron una fuerte incidencia en la población americana, que por entonces vivía aterrada por las devastadoras consecuencias que podría tener ser objeto de una lluvia radiactiva fruto de un ataque nuclear. Y este miedo colectivo quedó reflejado en diferentes creaciones artísticas de la época. La canción «A Hard Rain's A-Gonna Fall» de Bob Dylan es una de ellas. El cantautor de Minesota la grabó a principios de diciembre, justo cuando hacía poco más de un mes que la crisis se había resuelto y la convirtió en uno de los temas de *The Freewheelin 'Bob Dylan*, su segundo trabajo de estudio y el primero en que presentaba temas propios.

Considerada como una de las mejores canciones de protesta escritas por Dylan, este tema de más de siete minutos de duración está concebido como una conversación entre un padre y sus hijos. El progenitor les pregunta qué ven y éstos le responden con descripciones de imágenes apocalípticas, muchas de las cuales remiten a un escenario surgido de una devastación nuclear. De carácter marcadamente antibelicista, «A Hard Rain's A-Gonna Fall» forma parte, junto con «Blowin' in the Wind» y «Masters of War», de una especie de tríada temática incluida en este disco. Y es que las tres canciones son piezas independientes pero comparten un mismo propósito: reflejar el ánimo de protesta de Dylan contra ciertos aspectos sociales y políticos de su país.

A lo largo de más de medio siglo, el tema ha sido versionado en más de 30 ocasiones por diferentes artistas de estilos tan diversos como Joan Baez, Bryan Ferry, Eddie Brickell & The New Bohemians y se ha convertido en un clásico del repertorio de su autor. En 2016, cuando la obra creativa de Bob Dylan fue reconocida con el Premio Nobel de Literatura, la canción tuvo un nuevo momento de protagonismo. Dylan se había excusado ante la Academia sueca alegando que la fecha de la ceremonia de entrega ya tenía otros compromisos, así que fue su amiga Patti Smith la encargada de recoger el galardón en su nombre. Los organizadores del acto pidieron también a Smith que interpretara una canción en directo y, en honor al premiado ausente, la cantante de Chicago eligió «A Hard Rain's A-Gonna Fall». Pero la solemne puesta en escena y la emoción del momento hizo que los nervios la traicionaran y se olvidara de parte de la letra, en un par de lapsus que la obligaron a detener la actuación antes de poder continuar cantando las largas estrofas del tema con la voz quebrada ante la atenta mirada del público asistente.

Olga Suanya

RESPECT
Aretha Franklin

Se publica la foto del saludo Black Power de los Juegos Olímpicos de México
(18 de octubre de 1968)

A pesar de que tuvieron grandes momentos deportivos, los Juegos Olímpicos de México han pasado a la historia por un acto de gran relevancia político-social a nivel mundial: el saludo Black Power de los afroamericanos Tommie Smith y John Carlos. Esta cita olímpica se celebró en octubre de 1968, en pleno apogeo de este movimiento de los derechos civiles de la población negra de Estados Unidos y apenas unos meses después del asesinato de Martin Luther King. En este contexto reivindicativo, hubo un intento de boicot a la cita olímpica, en el que se intentó convencer a los atletas de color que no compitieran. Pero finalmente esta propuesta no prosperó y los deportistas decidieron hacer escuchar su voz de otro modo.

El podio conseguido por los velocistas afroamericanos Tommie Smith y John Carlos en la prueba de los 200 metros lisos de los Juegos Olímpicos de México marcó todo un hito. Cubriendo la distancia en menos 20 segundos, Tommie Smith no sólo ganó la carrera sino que logró establecer un nuevo récord mundial. Cruzando la meta detrás suyo, entró el australiano Peter Norman e inmediatamente después John Carlos, adjudicándose la tercera posición.

Terminada la prueba, los tres corredores subieron al podio para recoger sus medallas. Los tres lucían insignias del Proyecto Olímpico por los Derechos Humanos, una iniciativa creada con el objetivo de luchar contra el racismo en el deporte. En ese momento, el detalle pasó bastante desapercibido, pero cuando empezó a sonar el himno nacional y enfocaron a los dos atletas estadounidenses, todo el mundo pudo ver claramente como bajaban la cabeza, cerraban los ojos y levantaban su puño enfundado en un guante negro como símbolo de orgullo de su raza y reivindicación de la igualdad de derechos.

El gesto no gustó ni al presidente del COI, el también estadounidense Avery Brundage, ni a muchos de los espectadores del Estadio Olímpico, que abuchearon a ambos atletas. De vuelta a casa, Smith y Carlos fueron condenados al ostracismo. A ambos les prohibieron representar a los Estados Unidos en el deporte olímpico, un castigo que también recibió en su país Peter Norman por haberse solidarizado con sus compañeros de podio. Smith y Carlos quisieron devolverle el detalle de forma póstuma en 2006 cuando éste murió de un ataque cardíaco, ofreciéndose a ser los portadores del féretro en su funeral.

A lo largo de la segunda mitad de los sesenta y los setenta el Black Power tuvo una presencia destacada en la sociedad y muchos de los artistas negros de aquella época contribuyeron a su difusión a través de su música, con canciones que terminaron convirtiéndose en himnos de este movimiento. «Respect», de Aretha Franklin es una de las más icónicas.

Aunque fue Franklin quien la convirtió en el gran éxito que conocemos hoy en día, fue Otis Redding quien escribió la canción y la editó en 1965. La compuso al regresar de una gira al tener la sensación de que, tras estar tantos días fuera de casa, su mujer no lo trataba con el respeto que se merecía. El tema de Redding tuvo un paso discreto por las listas americanas pero la suerte de «Respect» dio un giro en 1967 cuando Aretha Franklin, que entonces sólo tenía 24 años, aceptó versionarla.

La potencia de la voz de Franklin y la contundencia del mensaje que cantaba, rápidamente conectaron con las reivindicaciones de la sociedad del momento, especialmente con las del movimiento del poder negro, que la incorporó casi como un himno. Y cuando tres años después de su lanzamiento, Tommie Smith y John Carlos captaron la atención de todo el mundo desde el podio del estadio olímpico de Ciudad de México, la canción de Aretha Franklin se convirtió en la mejor banda sonora de aquella icónica imagen. Los dos atletas reclamaban con su gesto respeto a la población negra americana.

Olga Suanya

LOSING MY RELIGION
R.E.M.

Gabriel García Márquez gana el Premio Nobel de Literatura
(21 de octubre de 1982)

El 21 de Octubre de 1982 la Academia sueca concedía por decisión unánime de todos sus miembros el Premio Nobel de literatura al escritor colombiano Gabriel García Márquez. Con este galardón se reconocía la trayectoria del autor de Cien años de soledad *tras casi cuatro décadas dedicadas a escribir historias, muchas de las cuales se han convertido en piezas clave de la literatura universal. Los cuentos y novelas de Gabo, que es como se le conocía cariñosamente, son leídos en todo el mundo y se han convertido en fuente de inspiración de artistas de otras disciplinas. Es el caso de R.E.M., que para el videoclip de «Losing My Religion» tomó como referente una de sus historias, un relato publicado en 1955 titulado* Un señor muy viejo con unas alas enormes.

«Losing my religion» es una expresión del sur de Estados Unidos (los miembros de R.E.M. son de Athens, una ciudad del estado meridional de Georgia) que podría traducirse como perder la compostura o llegar al límite de la paciencia. Con ella la banda había querido recuperar esta frase hecha para abordar el tema de un amor no correspondido capaz de atrapar a la persona que lo padece hasta llegar a convertirse en una obsesión. En este sentido, en alguna ocasión el líder de la banda Michael Stipe ha comparado la temática de la canción con la idea abordada por Sting en «Every Breath You Take».

La canción era el primer *single* de *Out of Time*, el séptimo disco de la banda y con el que en 1991 R.E.M. se consolidaría como uno de los grandes grupos del momento a nivel internacional. Como apoyo audiovisual al lanzamiento de «Losing My Religion», los músicos querían hacer un vídeo sencillo del estilo del que un año antes había hecho Sinéad O'Connor para «Nothing Compares 2 U».

Pero Tarsem Singh, el director que eligieron para realizarlo, tenía la idea de crear una pieza un poco más compleja inspirada en un estilo de filmación hindú donde todo tomaba cierto aire melodramático.

Finalmente fue el cuento de Gabriel García Márquez el elemento de equilibrio entre ambas posturas. Un señor muy viejo con unas alas enormes relata la historia de un ser alado de avanzada edad que parece ser un ángel. Durante una tormenta se estrella en el patio de una casa y sus propietarios lo convierten en una atracción de circo. Con esta historia como inspiración principal, el director y los músicos llegaron a un concepto que cubría las expectativas de ambos y que se materializó en un videoclip que ese año se llevaría hasta cinco premios MTV: mejor vídeo de grupo, mejores efectos especiales, mejor dirección artística, mejor dirección y mejor edición.

El vídeo arranca con una breve secuencia que transcurre en una habitación poco iluminada con una ventana abierta desde donde se ve cómo llueve. Seguidamente, Bill Berry, Peter Buck y Mike Mills empiezan a correr por mientras Mike Stipe permanece sentado cuando, de repente, una jarra de leche cae desde el alféizar de la ventana desparramando todo el líquido sobre el suelo de la estancia y dando paso a la inicio de los primeros compases de la canción. En las escenas posteriores se suceden diferentes situaciones e imágenes cargadas de imaginería religiosa, así como referencias a la obra del pintor italiano Caravaggio y al cineasta ruso Andrei Tarkovsky. Todas ellas, alternadas de forma recurrente con planos en los que la cámara encuadra a Stipe ante unas alas angelicales en clara alusión al protagonista del relato de Márquez.

NOBODY KNOWS YOU WHEN YOU'RE DOWN AND OUT

Eric Clapton

Se produce el crack de Nueva York
(24 de octubre de 1929)

El 24 de octubre ha pasado a la historia como el Jueves Negro. Aquella mañana los activos que circulaban en Wall Street se desplomaron iniciando seis días de abruptas bajadas del precio de las acciones. En sólo un día, casi trece millones de acciones cambiaron de manos y la noche de aquella fatídica jornada una decena de financieros se habían suicidado, algunos de ellos lanzándose al vacío desde rascacielos de la ciudad. El crack de 1929, que es como se conoce esta catastrófica caída del mercado financiero estadounidense, dio paso a la Gran Depresión que asolaría el país en la década siguiente.

«Nobody Knows You When You're Down and Out» es un tema compuesto por Jimmy Cox en 1923 como un estándar de blues con compases de tiempo moderado con influencias de ragtime. Escrito en pleno apogeo de un período de bonanza y prosperidad económica, cuenta la historia de un hombre enriquecido durante los primeros años de la Ley Seca y trata sobre cómo de efímeras son las riquezas materiales y las amistades que surgen de forma interesada a su alrededor. La canción tuvo cierta repercusión en aquellos primeros años de la década pero no fue hasta seis años más tarde, cuando Bessie Smith la versionó, que se convirtió en una pieza tremendamente popular. Smith lanzó el tema el 13 de septiembre y, como si sus versos relataran una dramática profecía, unas semanas más tarde la bolsa de Nueva York registraba la mayor caída del mercado de valores ocurrida en Estados Unidos.

En este contexto, la letra de «Nobody Knows You When You're Down and Out» que Bessie Smith recuperaba en su interpretación del tema de Cox se convirtió en casi un relato de la situación en que se encontraron miles de ciudadanos. Este hecho contribuyó sin duda a la popularidad del tema. Pero también lo hizo el nuevo planteamiento que le dio al incorporar un acompañamiento instrumental y una pequeña sección de trompeta. La versión de la Emperatriz del Blues tuvo tanto éxito que muchos músicos comenzaron a incluirla en sus repertorios. Desde la orquesta de Count Basie, a Otis Redding, pasando por Nina Simone, el tema ha sido adaptado por distintos artistas y en diferentes estilos.

Pero de todas las versiones hechas hasta la fecha de esta canción, una de las más destacadas es la que registró Eric Clapton en 1970 con su banda Derek and the Dominos. Clapton había descubierto el tema a principios de los sesenta mientras de día estudiaba arte en Londres y por las noches se pasaba horas practicando la técnica del *fingerpicking* acústico imitando los músicos de blues y folk del sur de Estados Unidos. «Nobody Knows You When You're Down and Out» fue una de las primeras piezas que aprendió a tocar con aquel estilo, lo que hizo que para él siempre fuera una canción muy especial para él. Por eso, cuando diez años más tarde en plena grabación de *Layla and Other Assorted Love Songs* el guitarrista Duane Allman —que ya había registrado el tema un tiempo antes con su hermano Gregg— se incorporó a las sesiones de estudio, Clapton tuvo claro que debían tocarla juntos.

La canción se convirtió en una pieza imprescindible de los directos de la banda. Y cuando en 1992 Eric Clapton preparó el concierto de la serie MTV Unplugged la recuperó en una versión acústica que devolvió al guitarrista a los inicios de su carrera artística cuando, siendo un adolescente, aprendía a hacer sonar a la vez ritmo y melodía con las cuerdas de la guitarra.

189

Olga Suanya

THERE'S A LIGHT THAT NEVER GOES OUT
The Smiths

Se estrena *Rebelde sin causa*
(27 de octubre de 1955)

Cuando el 27 de octubre de 1955 se estrenó Rebelde sin causa, *no hacía ni un mes que su actor principal, James Dean, había muerto a los 24 años en un trágico accidente de tráfico. Ésta era su segunda película como protagonista y llegaba un año después de* Al este del edén, *el título con el que debutó como actor principal y que le valió su primera nominación al Oscar. La segunda la recibiría al año siguiente gracias a la interpretación que hizo en* Gigante, *su tercer y último film.*

Bajo la dirección de Nicholas Ray, en *Rebelde sin causa* James Dean se pone en la piel de Jimmy Stark, un problemático estudiante de secundaria confuso y desorientado que a menudo se ve envuelto en peleas y conflictos de todo tipo. A través de este personaje Dean presenta el típico adolescente de la época que se siente incomprendido y con quien muchos jóvenes americanos de mediados de los cincuenta se sintieron plenamente identificados.

A lo largo de más de medio siglo, James Dean ha sido el icono cultural de desilusión adolescente y de distanciamiento social con que han crecido chicos y chicas de varias generaciones. Para Morrissey, además de ser un ídolo, fue fuente de inspiración de una de las canciones más populares que escribió con The Smiths: «There's a Light that Never Goes Out». El cantante británico había nacido pocos meses antes del accidente mortal de Dean. Su figura marcó parte de su juventud y esta canción, compuesta a cuatro manos con su compañero de banda Johnny Marr, era una manera de hacerle su particular homenaje.

«There's a Light that Never Goes Out» es el relato de un amor trágico narrado en primera persona. En la canción Morrissey se pone en la piel de alguien que ha sido expulsado de su casa y que busca refugio y complicidad en un ser querido a quien pide que le ayude a escapar de su mundo viajando en su coche. Las referencias a la historia del protagonista de *Rebelde sin causa* y la del accidente mortal del mismo James Dean, son recurrentes a lo largo de los versos de la canción.

El tema se grabó el otoño de 1985 y se incluyó en el álbum *The Queen is Dead* que The Smiths presentaron en 1986. Pero a pesar de su popularidad, no se lanzó como sencillo hasta 1992 (cuando la banda ya se había separado) ya que en una decisión de última hora se decidió reemplazarla por Bigmouth Strikes Again. Actualmente,

«There's a Light that Never Goes Out» está considerada como una de las piezas poéticas más relevantes de la música contemporánea y se han hecho más de una veintena de versiones en diferentes idiomas.

Olga Suanya

BREAKFAST IN AMERICA
Supertramp

Nace la actriz Kate Murtagh
(29 de octubre de 1920)

Hija de músicos, Kate Murtagh tuvo claro desde muy pequeña que su vida giraría alrededor del mundo artístico. Durante sus primeros años de juventud, tuvo bastante éxito con el trío musical que formó con sus hermanas. Pero terminada la Segunda Guerra Mundial empezó a desarrollar sus dotes interpretativas en ámbito de la comedia y se centro en proyectos de cine y televisión. Actriz de gran sonrisa y formas voluptuosas actuó en series como Luz de Luna, Autopista al Cielo, La Familia Monster *o* La Dimensión Desconocida *y en el ámbito cinematográfico tuvo la oportunidad también de participar con algún pequeño papel en películas como* Desayuno con Diamantes.

A finales de marzo de 1979 la banda británica Supertramp presentaba el sencillo que daba nombre a su sexto álbum de estudio: «Breakfast in America». Era un tema que había escrito Roger Hodgson antes de incorporarse a Supertramp en respuesta al anuncio que Rick Davies había publicado en la revista *Melody Maker* y a través del cual buscaba músicos para formar una banda. Cuando la rescató al cabo de unos años, Davies le pidió que volviera a escribir la letra para actualizar aquellos versos que tenían más de una década, pero Hodgson se negó y la terminaron grabando tal cual había sido creada, relatando la historia de una persona que nunca ha estado en Estados Unidos y que fantasea con el imaginario del país. Además, en ese momento, la temática de «Breakfast in America» tenía cierta gracia, ya que algunos miembros de la banda acababan de instalarse en Estados Unidos huyendo de la presión fiscal a la que estaban sometidos en el Reino Unido, un elemento que seguramente influyó en que finalmente este fuera el título también del disco.

En el momento de la grabación de *Breakfast in America*, las relaciones entre Hodgson y Davies comenzaban a ser tensas pero esto no impidió que del estudio saliera el trabajo más exitoso de la banda, un álbum que con más de 18 millones de copias se ha convertido en uno de los más vendidos de la historia. Pero aparte de la calidad de su selección musical, el disco contó con un elemento de marketing que contribuyó en la promoción: su portada. El autor del concepto y la creación artística de esta carta de presentación gráfica de *Breakfast in America* es Mike Doud, un diseñador habitual de bandas británicas que registraban en Estados Unidos y que para este trabajo dispuso de total libertad para trabajar su propuesta.

Tras descartar varias ideas sobre elementos icónicos estadounidenses para trabajar el frontal del álbum, Mike Doud se centró en abordar la primera imagen que podría tener cualquier persona que llegara volando a Nueva York de buena mañana: la isla de Manhattan y la Estatua de la Libertad vistas desde la ventanilla del avión. A partir de ahí, comenzó a diseñar la composición a través de dos conceptos. Por un lado, representar los edificios de Manhattan con objetos de menaje de cocina. Por otro, convertir la Estatua de la Libertad en una camarera sirviendo desayunos.

La mujer simboliza la Estatua de la Libertad; el zumo, la antorcha que la corona; y el menú, la placa con la fecha de la independencia de los Estados Unidos. Para encontrar la modelo adecuada para encajar en esta composición, se recurrió a una agencia especializada en perfiles fuera de los estándares habituales. Y así es como localizaron Kate Murtagh. La portada de *Breakfast in America* fue muy elogiada desde el momento de su lanzamiento y reconocida con el Grammy de ese año al mejor diseño.

Olga Suanya

LONDON CALLING
The Clash

La BBC inicia las retransmisiones de televisión
(2 de noviembre de 1936)

Desde hace casi un siglo, la British Broadcasting Corporation (BBC) es todo un referente mundial de la radio y la televisión públicas y una de las instituciones británicas por excelencia. Fue fundada en 1922 por un consorcio de fabricantes de radio británicos como proyecto experimental y pocos años más tarde, una carta real la convertía en el servicio de radiodifusión público del Reino Unido. El 2 de noviembre de 1936 la BBC hacía un importante salto adelante iniciando la primera retransmisión pública de televisión regular del mundo. Pero el inicio de la Segunda Guerra Mundial truncó el empuje inicial de esta nueva tecnología audiovisual y su actividad no se reanudaría hasta 1946.

Durante la Segunda Guerra Mundial la BBC puso en marcha su servicio internacional dirigido a la Europa Ocupada, una iniciativa que rápidamente se convirtió en un espacio de referencia para muchos británicos repartidos por el continente, así como para ciudadanos de otros países del bando de los aliados. Esta programación arrancaba cada día con el mismo encabezamiento: «This is London calling...», una frase que a partir de entonces se hizo muy famosa y que años más tarde inspiraría el título de una de las canciones más famosas de The Clash: «London Calling».

Joe Strummer, el líder de esta banda y referente de la primera ola punk surgida en la década de los setenta, era un adicto a las noticias y muchas de las referencias a fatalidades de sus letras provenían de informaciones que había leído en la prensa o escuchado en noticiarios. Para escribir «London Calling», aparte de la referencia mediática de su título, Strummer se había centrado en dos noticias que le habían impactado: por un lado, el accidente nuclear de Three Mile Island y que había desencadenado el pánico en Pensilvania en marzo de 1979; por otro, una de las consecuencias del pulso armamentístico que en aquellos años de Guerra Fría mantenían los Estados Unidos y la Unión Soviética.

Y es que las pruebas nucleares que constantemente realizaban ambas potencias generaron unos niveles de radioactividad que provocaron un aumento considerable de las lluvias en regiones situadas a miles de kilómetros de los enclaves donde se llevaban a cabo. Esta situación tenía a las autoridades británicas en alerta por un posible desbordamiento del Támesis, una posibilidad que Strummer había leído en un artículo del *London Evening Standard* en el que se advertía de que el Mar del Norte corría el riesgo de elevarse y hacer subir el caudal del río, inundando gran parte de la capital.

La lectura de esta noticia, que quedó reflejada en el verso «*London is Drowning and I live by the river*» («Londres se está hundiendo y yo vivo junto al río», era

sólo un ejemplo de la preocupación con que vivían los jóvenes de aquella época y que se describe en «London Calling».

En este contexto, la canción que daba nombre al disco era un grito de socorro en la sociedad británica y al mundo entero de una juventud que veía un futuro muy negro, pero también relataba la precaria situación de la banda en ese momento. Los miembros de The Clash estaban muy endeudados, sin un manager que los representara y en constantes discusiones con la discográfica sobre el formato que debía tener el nuevo disco. *Give 'Em Enough Rope*, su segundo trabajo de estudio, había conseguido un gran éxito entre el público del Reino Unido y los músicos confiaban en que el nuevo disco que preparaban los consolidara como una de las formaciones del momento. Ellos querían sacar un álbum doble pero los productores no lo veían claro y esto generó una gran tensión que finalmente se resolvió editándolo como un disco doble pero comercializado como si fuera uno sencillo. «London Calling» colocó cerca de dos millones de copias y se convirtió en el noveno disco más vendido en el Reino Unido.

Olga Suanya

KILLING AN ARAB
The Cure

Nace el escritor Albert Camus
(7 de noviembre de 1913)

En invierno de 1978 el Reino Unido vivió una de las peores épocas para la economía y la juventud del país. Para hacer frente a una inflación disparada, el gobierno laborista de James Callaghan estableció límites a las subidas salariales del sector público, una medida que desencadenó meses de huelgas generalizadas que afectaron todo el país. Este periodo ha pasado a la historia como el «invierno del descontento».

En el contexto de crisis económica que sufrieron los jóvenes del Reino Unido a finales de los setenta, The Cure irrumpía en el panorama musical británico con un sencillo que se ha convertido en uno de los temas más controvertidos de la banda liderada por Robert Smith: «Killing an Arab» («Matando a un árabe»).

El título provocador de esta canción ha sido objeto de continuas críticas al líder de la formación, acusado de promover la violencia contra el colectivo árabe. Pero, lejos de tener esta intencionalidad, la letra de la canción es una referencia literaria a *El extranjero* de Albert Camus. Enmarcada en la corriente conocida como la filosofía del absurdo, de la que Camus es considerado el impulsor, esta novela es un ejemplo del pensamiento que postula que la vida es insignificante y que no tiene ningún otro valor que el que nosotros mismos le damos. Bajo este planteamiento, el escritor relata la historia de Meursault, un francés argelino que vive indiferente a la realidad, ya que ésta le parece totalmente absurda e inabordable. El progreso tecnológico le ha privado de participar en las decisiones colectivas, provocando que se sienta como un auténtico extranjero dentro de su entorno más próximo.

Cuando Robert Smith leyó *El extranjero* quedó impactado por el pasaje donde el protagonista llega a una playa con un arma en la mano y decide acabar con la vida de un árabe disparándole cinco tiros. Después de este episodio, Meursault es sometido a un proceso judicial en el que manifiesta su desinterés por defenderse de las acusaciones, revelando, además, una personalidad nihilista, ajena a todo lo que le rodea. Salvando las distancias, aquella lectura hizo pensar a Smith, que entonces apenas tenía veinte años, en cómo se sentían muchos de los jóvenes británicos de su generación en un país económicamente deprimido, regido por un sistema que los excluía de cualquier participación social y que los mantenía en la marginalidad suburbana.

A partir de esta idea, el músico intentó poner sobre el papel las sensaciones que le habían transmitido los momentos clave del libro y de aquel ejercicio nacieron los versos de «Killing an Arab», la canción que The Cure grabó al mismo tiempo que su primer álbum *Three Imaginary Boys* pero que no se incluyó en este trabajo, sino en *Boys Don't Cry*, publicado en 1980. El tema ha acompañado a la banda a lo largo de toda su trayectoria, si bien es cierto que en algunas actuaciones en directo Robert Smith ha presentado el tema como «Kissing an Arab» («Besando un árabe») o «Killing another» («Matando a otro»).

Olga Suanya

RUN LIKE HELL
Pink Floyd

Se produce la Noche de los Cristales Rotos
(9 de noviembre de 1938)

La noche del 9 al 10 de noviembre de 1938 las SS de la Alemania nazi lanzaron un ataque contra la población judía de su territorio. Desde la llegada de Adolf Hitler al poder cinco años antes, se habían dictado numerosas leyes para restringir la actividad económica de esta comunidad que, con medio millón de personas censadas, representaba poco menos del uno por ciento de la población del país. Dos días antes un joven judío había disparado a un diplomático en la embajada alemana de París y Joseph Goebbels aprovechó este hecho para incitar a la población contra toda la comunidad. En menos de 24 horas, por todo el Reich se incendiaron y destruyeron cerca de 1600 sinagogas, se profanaron cementerios, se destruyeron más de 7.000 tiendas y almacenes judíos, se detuvo a más de 30.000 personas y se asesinaron a casi un centenar. Aquella fatídica noche, que la historia recuerda como la Noche de los Cristales Rotos, comenzaba una nueva fase de las actividades antisemitas del partido nazi en la que se daba paso a una persecución sistemática que acabaría con el exterminio de casi seis millones de judíos de toda Europa.

Cuarenta años después de la pesadilla del nazismo que Hitler instauró en el continente, Pink Floyd lanzó *The Wall*, un doble disco conceptual creado por la banda británica a partir de vivencias personales de Roger Waters y en las que el contexto de la Segunda Guerra Mundial (donde su padre murió luchando en el campo italiano de Anzio) y el germen de los fascismos tienen un papel relevante. *The Wall* relata la vida ficticia de Pink, una estrella del rock mentalmente enferma debido a los traumas que han marcado su vida. Para protegerse de estos elementos nocivos que lo atormentan, el antihéroe protagonista de esta historia construye un muro mental a su alrededor que lo aísla del mundo y que lo acaba llevando hacia un mundo de fantasía destructiva que intenta paliar con el consumo de drogas. En una de sus alucinaciones, en medio de un concierto, Pink cree convertirse en un dictador fascista. En pleno delirio ve el público como un grupo turbulento y les ordena asaltar los barrios de las minorías, en una clara referencia al trágico episodio de la Noche de los Cristales Rotos. La canción encargada de poner música a este pasaje es «Run Like Hell».

Incluida en el segundo bloque del segundo disco, «Run Like Hell» es un tema hecho a cuatro manos entre Roger Waters y David Gilmour. El primero, que es quien la canta, fue quien escribió la letra; mientras que el segundo compuso la música y se encargó de grabar el «Run, run, run» («Corre, corre, corre») que se repite en varios momentos a lo largo de la pieza. Originariamente ocupaba una pista más larga, pero la tuvieron que acortar debido a las limitaciones de tiempo del formato de vinilo original en que se grabó *The Wall*.

En 1989, diez años después del lanzamiento del disco, la casualidad quiso que fuera también un 9 de noviembre la fecha en que cayera el Muro de Berlín, uno de los símbolos del Telón de Acero que dividía física e ideológicamente el mundo durante la Guerra Fría. Y Roger Waters, que en ese momento ya había abandonado Pink Floyd pero que continuaba su carrera en solitario sin perder los activos que consideraba suyos de la época en que había formado parte de la banda, quiso homenajear aquel hecho histórico con un concierto en vivo de *The Wall* de magnitudes épicas. La coincidencia del título y las múltiples conexiones y referencias del álbum con la historia y el simbolismo de aquel muro que dividía la capital alemana y que rodeaba la parte oeste de la ciudad, aislándola de la RDA, lo convertían en una oportunidad única. Y así el verano de 1990, más de 300.000 personas pudieron disfrutar del espectáculo que se montó en un terreno situado entre Postdamer Platz y la Puerta de Brandemburgo y que ocho meses antes era parte aún de la 'tierra de nadie' del Muro de Berlín.

Olga Suanya

WILD HORSES
The Rolling Stones

Muere el bandolero australiano Ned Kelly
(11 de noviembre de 1880)

El once de noviembre de 1880 moría ahorcado Ned Kelly, el bandolero australiano más famoso de la historia. Hijo de emigrantes irlandeses, Kelly se convirtió en proscrito tras verse involucrado en un altercado en el que perdieron la vida tres policías. Y en este estado permanente de fuga y búsqueda de refugios vivió sorteando la justicia durante casi una década. Su atrevimiento y la notoriedad de su caso lo convirtieron en un icono cultural del país.

La historia de Ned Kelly, el bandolero más famoso de Australia, ha inspirado canciones, libros y películas. Una de ellas, fue la que protagonizó Mick Jagger en 1970. El líder de los Rolling Stones y la que entonces era su pareja, Marianne Faithfull, llegaron a Australia el verano de 1969 para incorporarse al equipo de rodaje de Ned Kelly. El director Tony Richardson, había ofrecido a Faithfull el papel de la hermana del protagonista, pero finalmente tuvo que ser sustituida por Diane Craig debido a un incidente de última hora. La cantante no se encontraba en su mejor momento: hacía poco que había sufrido un aborto y su relación con Jagger estaba llena de altibajos. Y para hacer frente a todos los contratiempos que la abordaban, en los últimos meses que se había lanzado a los brazos de la heroína.

Cuando la pareja llegó al hotel, Marianne Faithfull estaba en pleno síndrome de abstinencia. Para paliar sus efectos ingirió una dosis superior a la recomendada del tranquilizante que había conseguido que le recetaran y que la hizo caer en un coma que la tuvo ingresada seis días. Cuentan que cuando despertó y Mick Jagger le confesó haber pensado que la había perdido para siempre, ella le respondió que no sufriera, que «ni caballos salvajes podrían sacarme de aquí por la fuerza». Unos meses más tarde, la relación entre Jagger y Faithfull llegaba

a su fin y el músico, como si fuera una dedicatoria a quien fue su compañera durante una larga temporada, habría inmortalizado aquella frase en una balada que tituló «Wild Horses».

Esta es la historia que se creyó que era el origen de la canción hasta que años más tarde Bill Wyman la desmintió, revelando que el autor de aquella expresión y su encaje en el estribillo de «Wild Horses» en realidad había sido Keith Richards. Mientras la relación de Mick Jagger y Marianne Faithfull tambaleaba en Australia, en Londres, la que unía Keith Richards y Anita Pallenberg pasaba por un momento muy dulce gracias al nacimiento de su primer hijo, un niño al que pusieron Marlon en honor a Marlon Brando, uno de los actores favoritos de Pallenberg.

El guitarrista de los Stones estaba entusiasmado con su nuevo papel de padre y cuando al cabo de dos meses la banda comenzó a prepararse para su nueva gira americana, se le hizo muy difícil pensar que debía separarse de la criatura hasta Navidad. Por un lado, le motivaba la idea de volver a tocar en Estados Unidos, donde los Stones no actuaban desde 1966. Pero por otro, le rompía el corazón tener que pasar tantas semanas lejos de casa. Según Wyman, esta sensación agridulce es la que hizo pronunciar a Richards la frase «no me sacarían ni a rastras con caballos salvajes» refiriéndose al hecho de tener que alejarse del bebé durante todo ese tiempo. Aquella frase inspiró a Keith Richards un *riff* pensado a modo de nana y algunos de los versos de lo que acabaría convirtiéndose en «Wild Horses».

Los Rolling Stones grabaron «Wild Horses» el invierno siguiente pero el tema no se publicaría hasta la primavera de 1971, con el lanzamiento *Sticky Fingers*. Durante este intervalo Keith Richards enseñó el tema a Gram Parsons con quien, después de colaborar en los arreglos de «Country Honk» en *Let it Bleed*, se habían hecho buenos amigos y a menudo compartían sus creaciones. El músico estadounidense quedó prendado de aquellos caballos salvajes y convenció a Richards y a Jagger que le dejaran grabar el tema con su banda, The Flying Burrito Brothers. Los Stones finalmente accedieron y la versión de Gram Parsons terminó editándose un año antes que la de sus propios autores.

FOLSOM PRISON BLUES
Johnny Cash

Nace el director de cine Crane Wilbur
(17 de noviembre de 1886)

En las décadas de los cuarenta y cincuenta proliferaron las producciones de Hollywood sobre la brutalidad de los sistemas penitenciarios estadounidenses. Eran películas con guiones ambientados en el mundo carcelario, que presentaban una realidad desconocida para la mayoría de los ciudadanos y que, a parte de su objetivo de entretenimiento, a menudo aportaban también una invitación a la reflexión sobre aquella situación. Uno de estos títulos fue Inside The Walls of Folsom Prison, *una cinta del director estadounidense Crane Wilbur en 1951 ambientada en la prisión estatal californiana de Folsom durante los años veinte y en la cual se abordaban los métodos violentos y tortuosos a que eran sometidos los reclusos.*

Cuando se estrenó *Inside The Walls of Folsom Prison* el cantante de country Johnny Cash se encontraba en la República Federal Alemana sirviendo a las Fuerzas Aéreas de los Estados Unidos como oficial de comunicaciones con la tarea de interceptar los mensajes en morse de los soviéticos. Fue allí, en un cine de la ciudad bávara de Landsberg donde vio el largometraje, quedando impresionado por aquella historia protagonizada por Steve Cochran y David Brian. Las escenas de aquella película quedaron grabadas en la mente de aquel joven soldado que empezaba a componer con la guitarra y acabaron inspirándole una de las canciones de su álbum de debut *Johnny Cash with his hot and blue guitar*: «Folsom Prison Blues». Años más tarde, Cash recordaría que la violencia que había visto en aquella cinta le creó la necesidad de expresar lo que pensaba que era vivir en una prisión, pero que nunca se hubiera pensado que, a partir de aquella canción, establecería una relación tan especial con el centro penitenciario que la inspiró.

Tomando como referencia la película de Wilbur, Cash compuso el tema relatando la historia ficticia del encarcelamiento de un delincuente y lo presentó en diciembre de 1955. «Folsom Prison Blues» tuvo muy buena acogida y en pocas semanas llegó al top 5 de las listas americanas. El éxito de la canción contribuyó enormemente al conocimiento de este músico, que en los años siguientes se ganó el apodo de Rey de la música country, convertido en un auténtico icono de este género.

Pero la historia de Johnny Cash con la prisión de Folsom fue mucho más allá de la canción que le dedicó. Criado en una familia que sufrió penurias económicas durante la Gran Depresión de los años treinta, este músico de Arkansas siempre se identificó con los más desfavorecidos. Se preocupaba por la gente del campo, los trabajadores industriales, los nativos americanos y las personas que vivían en situaciones complicadas. A mediados de los años sesenta Cash comenzó a trabajar en una idea un poco más ambiciosa que tocar cuatro canciones con su guitarra: grabar un concierto en vivo dentro de Folsom.

De entrada, el proyecto no entusiasmó a los responsables de su discográfica, pero finalmente cedieron a la insistencia del músico y el 13 de enero de 1968, Johnny Cash ofreció dos conciertos para los reclusos de Folsom en un escenario improvisado habilitado en el comedor de la prisión. Acompañado de su banda The Tennessee Three, el músico Carl Perkins y su inseparable esposa June Carter, Cash tocó una veintena de canciones en cada función, de las cuales se eligieron quince de la primera y dos de la segunda para editar el álbum que se tituló *At Folsom Prison*. Una de estas piezas es «Greystone Chapel», un tema escrito por uno de los reclusos de Folsom llamado Glen Sherley. La noche antes del concierto el cura de la prisión hizo llegar a Cash esta composición y el músico decidió incluirla en el repertorio.

El disco que recogía aquel concierto carcelario salió al mercado en mayo de 1968 y tanto el álbum como la canción que inspira el nombre llegaron al número uno de las listas americanas de country de ese año. Un cuarto de siglo más tarde, *At Folsom Prison* fue escogido como uno de los 50 trabajos discográficos que se incorporarían al registro nacional de la Librería del Congreso de Estados Unidos. reconociendo así no sólo su calidad musical sino también la dimensión social que tuvo este concierto.

Olga Suanya

HERE COMES THE SUN
The Beatles

Nace el astronauta Alan Shepard
(18 de noviembre de 1923)

El 18 de noviembre de 1923 nacía en New Hampshire Alan Shepard, el hombre que se convertiría en el primer estadounidense en ir al espacio. Shepard fue uno de los Mercury Seven, el grupo de astronautas elegidos para formar parte del primer programa espacial tripulado de la NASA y el primero de ellos que hizo un vuelo suborbital. No era el primer ser humano que cumplía esta hazaña, ya que 23 días antes, Yuri Gagarin ya había orbitado la Tierra. Los soviéticos habían avanzado a los americanos en el primer paso hacia la colonización del espacio y esto espoleó al presidente Kennedy que, después del viaje de Shepard aquel 5 de mayo de 1961, se apresuró a anunciar que el próximo objetivo nacional era enviar un hombre a la Luna esa misma década.

Durante los años sesenta los Estados Unidos pusieron todos sus esfuerzos en poder ser los primeros en llegar a la Luna. Alan Shepard, que en 1961 se había convertido en el primer americano que viajaba al espacio, tuvo que mantenerse al margen de las misiones espaciales del programa Apolo debido a una dolencia en el oído interno. Pero en febrero de 1971, un año y medio después de que la misión comandada por Neil Armstrong, Buzz Aldrin y Michael Collins consiguiera el objetivo, ya totalmente recuperado, Shepard volvió a dejar atrás la atmósfera terrestre para convertirse en el comandante del *Apolo XIV* y el quinto hombre que pisaba la superficie lunar.

El viaje de esta octava misión del programa Apolo integrada por el comandante Alan Shepard, el piloto del módulo de mando Stuart Roosa y el piloto del módulo lunar Edgar Mitchell duró nueve días. Para amenizar las largas horas muertas de esta travesía, los astronautas prepararon cuatro cintas de casete con una selección musical variada.

Una de las bandas que aparece en dos ocasiones en esta histórica cinta es el de los Beatles, que formaron parte de la banda sonora de aquel viaje con una canción que hacía alusión al astro antagónico al satélite hacia donde se dirigía la nave: «Here Comes the Sun». Publicada en septiembre de 1969 dentro del álbum *Abbey Road*, «Here Comes the Sun» es junto con «Something» (otro tema también incluido en la selección que Shepard, Roosa y Mitchell decidieron que les acompañara hasta la Luna) una de las composiciones más exitosas de George Harrison. Por entonces la relación entre los miembros del cuarteto de Liverpool ya daba señales de debilidad y comenzaba a anunciar su final.

Las sesiones creativas que habían hecho los cuatro en el pasado habían dado paso a reuniones de negocio y disputas legales. Y un día que habían quedado en la sede de Apple para abordar temas de este tipo, Harrison decidió no presentarse y viajar la tarde anterior hasta la casa que Eric Clapton tenía en el sur de Inglaterra. Los dos amigos pasaron juntos la velada y la mañana siguiente vieron juntos la salida del sol. Estaban sentados bajo un árbol del jardín y Harrison, como no, tenía una guitarra en las manos. Así que mientras observaban cómo se levantaba el día, comenzó a tocar las notas que poco después se convertirían en el famoso inicio de «Here Comes the Sun». La canción ponía música a la descripción del comienzo sereno de ese nuevo día, pero también manifestaba el deseo de Harrison de iniciar una nueva etapa en su vida y en su trayectoria profesional.

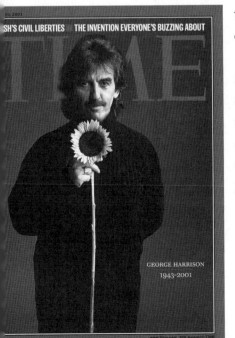

Cuando aquella primavera de 1961 Alan Shepard se convirtió en el primer americano que viajaba al espacio, los Beatles empezaban su meteórica carrera. Y cuando, una década más tarde, el astronauta cumplió su sueño de poner los pies en la Luna, los Fab Four hacía pocos meses que ya habían anunciado su disolución. Quién sabe si cuando «Here Comes the Sun» sonó durante la travesía espacial del *Apolo XIV*, la conexión entre el Sol que maravilló a Harrison y la Luna que alcanzó Shepard quedó grabada en aquella cinta de audio.

Olga Suanya

STAIRWAY TO HEAVEN
Led Zeppelin

Nace el periodista y escritor Lewis Spence
(25 de noviembre de 1874)

Conocido por su labor de investigación en torno al imaginario tradicional escocés, Lewis Spence fue un periodista, poeta y estudioso del ocultismo escocés que a lo largo de la primera mitad del siglo XX publicó una amplia bibliografía sobre mitos y folklore. Miembro del Real Instituto Antropológico de Gran Bretaña e Irlanda y de la Sociedad Escocesa de Antropología y Folklore, fue también uno de los fundadores del Movimiento Nacional Escocés.

«Stairway to Heaven» es sin duda una de las canciones más emblemáticas de la historia del rock. Nunca se ha llegado a editar como *single*, quizá por su duración de más de ocho minutos o por la complejidad de su estructura, y esto ha hecho que el álbum en el que se editó (intitulado por decisión de la banda) sea uno de los más vendidos de todos los tiempos.

Durante más de tres décadas Robert Plant y Jimmy Page defendieron que empezaron a gestar el tema en 1970. Venían de una gira agotadora por Estados Unidos y regresaron al Reino Unido con la intención de recuperarse y empezar a trabajar en nuevo material para su siguiente disco. Buscaban un lugar tranquilo donde poder retirarse con sus familias durante unas semanas y componer sin presión, así que decidieron trasladarse a Bron-yr-Aur, una antigua cabaña del S.XVIII situada en una zona rural de Gales donde Plant había pasado sus veranos de infancia. De los días de convivencia en aquella casa aislada, sin luz ni agua corriente, salieron la mayor parte de los temas de *Led Zeppelin III*, pero también el embrión de «Stairway to Heaven».

El buen resultado creativo que les dio ese ambiente campestre hizo que poco después de presentar este trabajo discográfico los miembros de la banda decidieran volver a buscar la inspiración en un entorno similar. Esta vez se instalaron en Headley Grange, un antiguo hospicio de estilo victoriano situado en el campo inglés.

Los dos músicos llevaban consigo una buena colección de discos y libros como fuente inspiracional. Pero de entre todos ellos hubo uno que tuvo una influencia relevante en la composición de los versos de «Stairway to Heaven»: *Magic Arts in Celtic Britain*, una obra publicada en 1945 por el periodista y escritor Lewis Spence.

El volumen de *Magic Arts in Celtic Britain* era de Page, que ya hacía tiempo que profesaba gran devoción por Aleister Crowley, considerado el padre espiritual del ocultismo en el Reino Unido. El libro de Lewis Spence aparecía como uno de los títulos recomendados por Crowley en su revista *The Equinox*, así que el guitarrista lo compró y lo metió en la maleta que se llevó a Headley Grange. Cuando una vez allí se lo dejó hojear a Plant, éste quedó atrapado por sus historias y todo el imaginario que describía hasta tal punto que muchos de sus pasajes quedaron recogidos en «Stairway to Heaven».

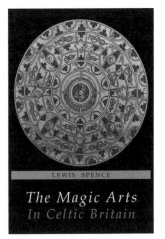

Pero este sugerente relato del surgimiento inicial del tema a la lumbre de una cabaña rústica se vería parcialmente desmontado en 2014 cuando Plant y Page variaron un poco la historia para defenderse de la denuncia de plagio que les interpuso la banda californiana Spirit. Mark Andes, bajista y miembro fundador de este grupo, acusó Led Zeppelin de haber copiado la melodía inicial de «Stairway to Heaven» de un tema instrumental suyo titulado «Taurus» publicado en 1968. Según Andes, Robert Plant y Jimmy Page conocían perfectamente la canción porque ese mismo año actuaron como teloneros de Spirit en su gira de debut en Estados Unidos. La disputa por los derechos de autor del tema se resolvió en 2016 en un juicio que dictó sentencia a favor de la banda británica. Los representantes legales de Mark Andes presentaron diversas apelaciones, pero finalmente en marzo de 2020 un tribunal de Estados Unidos dio la razón definitiva a Plant y Page. Con el fin de esta batalla legal, «Stairway to Heaven» quedaba libre de la sombra de plagio a la vez que dejaba restringido su espacio creativo entre las páginas del libro de Lewis Spence y las paredes de Headley Grange.

Olga Suanya

ONE
U2

Rosa Parks se niega a ceder el asiento a un hombre blanco en un autobús
(1 de diciembre de 1955)

Pocas veces un acto tan insignificante ha tenido unas consecuencias tan históricas como el que protagonizó Rosa Parks el primero de diciembre de 1955. Tenía 42 años y como cada día esta modista negra volvía a casa en un autobús urbano de Montgomery (Alabama). Lo hacía sentada en uno de los bancos designados expresamente como «de color» y que evidenciaban la segregación racial instaurada y totalmente normalizada que se vivía entonces en los Estados Unidos. Pero en un momento del trayecto la sección reservada «sólo para blancos»
se llenó y el conductor movió el cartel que señalizaba la delimitación de asientos para crear nuevas plazas para los pasajeros blancos. Este cambio de distribución afectaba la fila donde estaba Parks y otras tres personas afroamericanas. Los otros tres pasajeros obedecieron, pero ella se negó. Y ese gesto costó una multa de 14 dólares que también rechazó pagar, haciendo que acabara pasando una noche en prisión.

El incidente provocado por Rosa Parks el día que se negó a ceder su asiento a un hombre blanco en un autobús desencadenó la protesta de algunos miembros de la comunidad negra de la ciudad, pero las autoridades no dieron más importancia al tema, pensando que no era más que una reacción puntual que no tendría más consecuencias. Pero la intensidad de las manifestaciones de rabia y denuncia de la injusticia fueron extendiéndose y dos meses más tarde ya habían causado la detención de más de un centenar de personas. El entonces poco conocido pastor bautista Martin Luther King fue quien lideró parte de las protestas, movilizando a los afroamericanos de Montgomery (que representaban el 40% del censo de esta población) a boicotear los autobuses de la ciudad. Después de 382 días de vehículos circulando prácticamente vacíos, la empresa que gestionaba el servicio entró en quiebra y la autoridad del transporte público se vio obligada a suprimir la segregación racial en este ámbito.

Murió el 24 de octubre de 2005 a la edad de 92 años debido a una demencia progresiva. La noticia de su muerte se produjo justo cuando la banda irlandesa U2 acababa de aterrizar en la ciudad para ofrecer dos conciertos en el marco de la gira americana de Vertigo Tour. Sensibilizados por aquella pérdida, en estas actuaciones la banda quiso tener un recuerdo para ella y todo lo que había supuesto su figura en la lucha por la igualdad. Y lo hizo con una de sus canciones más emblemáticas: «One». Bono introdujo el tema dedicándoselo a quien consideraba «la madre del movimiento estadounidense por los Derechos Civiles».

Editada por primera vez en *Achtung Baby*, el séptimo álbum de la banda, «One» es una canción sobre la unidad no sólo de la humanidad sino de la propia banda. El mensaje de aquellos versos recordaba la necesidad que tenemos los humanos, independientemente de las diferencias que nos separan, de contar con la ayuda de los demás para poder seguir adelante. Frases como «We're one, but we're not the same» («somos uno, pero no somos lo mismo») describen a la perfección el sentimiento que en ese momento abordaba a los miembros de U2 y cómo entenderlo los ayudó a superar ese momento de debilidad colectiva. Pero la lírica emotiva que desprende todo el tema en torno al concepto global de unidad ha convertido «One» en todo un himno a la hermandad en el mundo, haciendo que haya sido utilizada en diferentes eventos y campañas solidarias, así como a favor del entendimiento entre los pueblos y los derechos humanos. Un mensaje más que oportuno para homenajear el día de su muerte y en su ciudad a quien fue todo un símbolo de esta creencia universal.

WATERLOO
ABBA

Napoleón Bonaparte se corona como Emperador de Francia
(2 de diciembre de 1804)

El 2 de diciembre de 1804, en un acto oficiado en la catedral de Notre Dame, Napoleón Bonaparte se autoproclamaba emperador de Francia. Se iniciaba así el Primer Imperio Francés, un período histórico que duró toda una década y que estuvo marcado por los enfrentamientos bélicos que el país mantuvo con la mayoría de las naciones europeas. La desmesurada expansión que las tropas francesas quisieron llevar a cabo y con la que se consiguió extender los límites del dominio napoleónico hasta las puertas de Moscú, generó tal desgaste político y militar que acabó precipitando la caída del imperio en marzo de 1814. Napoleón fue desterrado a la isla de Elba pero diez meses más tarde consiguió escapar y reorganizar a sus hombres para tratar de recuperar su posición en un breve episodio de gobierno y que duró apenas un centenar de días. Este intento de restauración del Imperio Francés terminó en junio de 1815 cuando las tropas angloprusianas comandadas por el Duque de Wellington derrotaron el ejército napoleónico en una llanura cercana a la ciudad de Bruselas.

El fracaso de Waterloo acabó con las aspiraciones de Napoleón de retomar su sueño imperial. Y con el tiempo esta batalla se ha convertido en todo un símbolo de todo lo que supone una derrota definitiva. Precisamente este sentido figurado aplicado a una rendición amorosa es el que un siglo y medio más tarde recogió ABBA en «Waterloo». La canción utiliza este episodio militar como metáfora de una mujer que, a pesar de intentar evitarlo, cae rendida ante un hombre. Pero si bien la letra relata la historia de una derrota emocional, lo que supuso Waterloo para este cuarteto sueco fue una gran victoria. Se habían formado en Estocolmo en 1972 y cansados de nombres impronunciables habían decidido bautizar su banda con el acrónimo de las primeras letras del nombre de cada uno de sus integrantes: Agnetha, Björn, Benny, Anni-Frid. Al inicio no se los tomaron muy en serio, ya que éste era el nombre de una conocida marca de mariscos del país, pero ellos apostaron por la sencillez de esta fórmula y así fue como se presentaron al Festival de la canción de Eurovisión en 1974.

Aquel año el certamen se celebraba en el Domo de Brighton, en el Reino Unido y los miembros de ABBA acudieron decididos a que aquella fuera la plataforma que les diera la visibilidad internacional que buscaban. Y lo hicieron con «Waterloo», la canción con la que un par de meses antes habían ganado el Melodifestivalen, el concurso que servía para elegir el representante sueco en Eurovisión, y que ya había llegado a las primeras posiciones de las listas musicales suecas. Salieron al escenario con trajes vistosos y con el director de orquesta disfrazado de Napoleón. Y aunque en aquella ocasión la interpretación vocal de los cuatro miembros de ABBA no fue la mejor, la actuación en su conjunto rompió los estereotipos del festival y se llevó la máxima puntuación. Era la primera victoria del país escandinavo en Eurovisión y rápidamente se convirtió en el primer éxito internacional de la banda. El éxito de «Waterloo» les dio la oportunidad de pasearse por los platós de todas las televisiones europeas presentando el tema, que rápidamente fue entrando y escalando puestos en rankings musicales de diferentes países.

Curiosamente, aunque el estribillo de la canción repite constantemente el nombre de la batalla que supuso el fin del Imperio Napoleónico, Waterloo fue todo un éxito también en Francia, donde no sólo se mantuvo durante 12 semanas en las listas de referencia de este país, sino que llegó a situarse en el tercer lugar. En Bélgica, donde actualmente pertenece la localización que da nombre al tema, llegó rápidamente al número uno, de donde ningún otro tema fue capaz de desbancarlo durante cinco semanas.

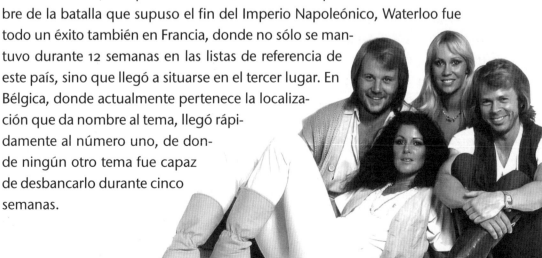

Olga Suanya

SMOKE ON THE WATER
Deep Purple

Se incendia el Casino de Montreaux
(4 de diciembre de 1971)

El 4 de diciembre de 1971, en mitad de un concierto de Frank Zappa, el casino de la ciudad suiza de Montreaux se incendió a causa de una bengala lanzada por una de las personas del público. Por suerte no hubo que lamentar heridos, pero los daños materiales fueron muy importantes. El edificio, una construcción originaria de 1881, tuvo que reconstruirse tras este accidente y actualmente aún está operativo como sala de juego.

A principios de diciembre de 1971 Frank Zappa y su banda, Mothers of Invention, aterrizaban en Ginebra, donde el 4 de diciembre estaba programado que tocaran en el Casino de Montreaux. El músico de Baltimore había vendido prácticamente todas las localidades disponibles para el concierto, pero el director de la oficina de turismo de la ciudad consiguió cinco entradas a última hora para que los miembros de otro grupo musical que también se encontraba en Montreaux aquella noche pudieran asistir. Eran los integrantes de Deep Purple, que habían llegado a esta población suiza a orillas del lago Leman el día anterior equipados con la unidad móvil que habían alquilado a los Rolling Stones con la intención de comenzar la grabación de su nuevo disco precisamente en ese mismo escenario.

La actuación de Zappa se desarrolló sobre lo previsto, con su habitual exhibición de música y espectáculo experimental ante un público entregado. Pero cuando ya sonaban los últimos temas del repertorio de la banda, uno de los asistentes se dejó llevar demasiado por la psicodelia del concierto y encendió una bengala. La lanzó al techo y, aunque de forma involuntaria, acabó provocando un incendio que rápidamente se extendió por todo el local. Los músicos y el público fueron desalojados del edificio sin tener que lamentar víctimas. Pero el casino quedó totalmente destruido por las llamas que se encaramaban hacia las nubes mientras

una espesa humareda se extendía sobre la superficie del lago. Ésta fue la imagen que quedó grabada en la retina de los músicos de Deep Purple cuando después de salir del Casino llegaron al hotel donde se alojaban. Y esta fue la chispa a partir de la cual escribieron un tema con un estribillo tan descriptivo de aquel accidente como «Smoke on the water, a fire in the sky» («humo sobre el agua, fuego en el cielo»).

Cuentan que la idea de convertir en canción lo vivido aquella noche en Montreaux no surgió inmediatamente, sino al cabo de unos días, cuando el bajista de la banda, Roger Glover, tuvo un sueño del que se despertó sobresaltado gritando «Smoke on the water!» («¡Humo sobre el agua!»). La rápida asociación de aquella frase con la visión de la humareda cubriendo las aguas del Leman, hizo que pidiera a Ian Gillan, vocalista y autor de las letras de la mayoría de canciones de Deep Purple, que escribiera unos versos sobre aquel episodio. Y Gillan, que el mismo día del incendio había tomado algunas notas sobre lo que estaba sucediendo en una servilleta de papel, optó por hacer una descripción prácticamente literal de lo que vivieron en aquel concierto de Frank Zappa en la ciudad suiza.

Con la letra terminada, el resto de la banda inició la tarea de poner música, un reto en el que participó muy activamente Ritchie Blackmore. Él es el autor del *riff* de guitarra que encabeza «Smoke on the Water» y que se ha convertido en uno de los más reconocidos de la historia del rock. Poco se podían imaginar entonces que aquel tema se convertiría en una de las piezas icónicas del rock de los setenta y que el *riff* que la identifica acabaría siendo uno de los primeros que aprende cualquier persona que decide aprender a tocar la guitarra eléctrica. Esta es una práctica tan habitual que no son pocas las tiendas de venta de guitarras en las que en las paredes de la zona habilitada para probar los instrumentos, se pueden leer carteles advirtiendo «Prohibido tocar "Smoke on the Water"».

YOU COULD BE MINE
Guns N' Roses

Se estrena *Terminator 2: el juicio final*
(5 de diciembre de 1991)

Tras el éxito de Terminator *en 1984, James Cameron se lanzó a rodar la segunda parte de la película. Con un presupuesto de 100 millones de dólares, en el momento de su estreno fue la producción más cara de la historia, una inversión que los productores pronto recuperaron al convertirse en la segunda película más taquillera, con una recaudación de más de 500 millones de dólares. A nivel de reconocimiento, fue premiada con distintos galardones internacionales, además de con cuatro Oscar en las categorías de mejores efectos visuales, mejor sonido, mejor maquillaje y mejor edición de sonido.*

Cuando Izzy Stradlin escribió «You Could Be Mine» poco se podía imaginar que aquel tema inspirado en la ruptura de su relación amorosa con la actriz Angela Nicoletti acabaría siendo el segundo sencillo más vendido de Guns N' Roses. Y menos aún que el tema se convertiría en una de las canciones destacadas de la banda sonora de una de las películas más taquilleras del siglo: *Terminator 2: el juicio final.*

James Cameron, que además de guionista y director de la cinta era el productor, quería cerrar la banda sonora con el tema de un grupo de rock potente y Guns N' Roses encajaba perfectamente en el perfil que buscaba. El extraordinario éxito de su primer álbum, *Appetite for Destruction,* les había situado como una de las formaciones musicales del momento, un hecho que el cineasta canadiense no quiso desaprovechar para convertirlo en un reclamo extra de la superproducción que estaba preparando. Cameron comentó la idea con el protagonista de la película y a Arnold Schwarzenegger, no sólo le entusiasmó la idea, sino que se ofreció a organizar una cena en su casa con los miembros de la formación californiana para negociarlo.

Fruto de aquel trato, «You Could Be Mine» se convirtió en el tema de los créditos finales de la película. Pero además de contar con Guns N' Roses para esta posición destacada, Cameron introdujo algunas referencias a la banda en distintas escenas del film, como la caja de rosas donde el exterminador que interpreta Schwarzenegger saca la escopeta con la que se enfrenta a otro Terminator en las instalaciones de la empresa creadora de la inteligencia artificial que lidera el ejército de máquinas de toda la saga.

Por su parte, Guns N' Roses pudo contar con la participación del protagonista de esta segunda entrega de *Terminator* en el videoclip de promoción de «You Could Be Mine». Guionizada en el marco de la trama de la película, en esta pieza audiovisual Arnold Schwarzenegger aparece caracterizado como Terminator llegando a un concierto del grupo con órdenes de asesinar a todos sus integrantes. Durante la interpretación de la canción se van alternando imágenes de un concierto en directo grabadas en Nueva York con escenas de la película, así como con planos del exterminador acercándose a sus objetivos. Al terminar el tema, sin embargo, cuando representa que los músicos se van a casa tras el concierto y Terminator los espera a la salida del local para ejecutarlos, éste evalúa individualmente a cada uno de ellos y decide dejarlos marchar. El cruce de miradas final entre Arnold Schwarzenegger y Axl Rose da así una segunda interpretación al título de «You Could Be Mine» («podrías ser mío») lejos del entorno sentimental en que fue compuesto y que, en poco más de un segundo, se transforma en un guiño de complicidad entre los seguidores de Guns N' Roses y de la saga *Terminator*.

I'M OUTTA TIME
Oasis

John Lennon es asesinado en Nueva York
(8 de diciembre de 1980)

El 8 de diciembre de 1980 John Lennon moría asesinado a tiros frente al edificio Dakota de Nueva York. Eran las once menos cuarto de la noche y Lennon viajaba con su esposa Yoko Ono en una limusina que los llevaba de vuelta a casa donde los esperaba su hijo Sean de cinco años. Venían del estudio donde el músico estaba grabando algunas pistas del nuevo proyecto discográfico en el que había empezado a trabajar. Cuando bajaron del coche, un joven que hacía horas que le aguardaba disparó cinco balas, cuatro de las cuales perforaron la espalda y el hombro del músico, dejándolo herido de muerte. El autor de los disparos era un joven de 25 años llamado Mark David Chapman y al que unas horas antes, en ese mismo lugar, Lennon había firmado una copia del disco Double Fantasy.

La noticia del asesinato de John Lennon conmocionó al mundo de la música y la fatídica fecha del 8 de diciembre ha quedado marcada en el calendario de la historia de la música como una de las más trágicas del último siglo. Tras su muerte, la figura de John Lennon se ha convertido en objeto de recuerdos y tributos en diferentes disciplinas de la cultura. Uno de ellos fue el homenaje que le hicieron a finales de 2008 los hermanos Gallagher en *Dig Out Your Soul*, el séptimo y último disco que editaron como Oasis.

La influencia beatleliana estuvo siempre muy presente en todas las composiciones de esta banda formada en Manchester y que se convirtió en uno de los iconos del britpop. Liam y Noel Gallagher nunca escondieron su pasión por el cuarteto de Liverpool y, de hecho, dejaron constancia de ello a través de detalles incorporados a sus producciones. «Wonderwall», por ejemplo, parte de la recu-

peración de un trabajo de George Harrison para la banda sonora de una película que pasó bastante desapercibida; el vídeo de «All Around The World» es un claro homenaje a «Yellow Submarine»; y la portada de su tercer álbum *Be Here Now*, grabado en los estudios Abbey Road, está lleno de elementos que son referencias tanto a la banda como a sus integrantes, como la recreación de una escena de Ringo Starr en *Magical Mystery Tour*, la cabina telefónica de «A Hard Day's Night», o el Rolls Royce que aparece dentro de la piscina y que es igual que el que tenía John Lennon.

El colofón de estos homenajes escondidos en las canciones de Oasis llegó con «I'm Outta Time», un tema escrito por Liam Gallagher y que se presentó como el segundo sencillo de *Dig Out Your Soul*. De entrada, es una balada que bebe de la influencia del trabajo de John Lennon de comienzos de los setenta y hay partes del tema interpretados al piano que recuerdan a «Jealous Guy» y «A Day in the Life». Pero aparte de las similitudes en el estilo, en esta ocasión los hermanos Gallagher quisieron redondear el tributo al que fue uno de los grandes compositores de los Beatles con un recuerdo más explícito. Y lo hicieron incorporando al final de la canción un extracto de la última entrevista concedida por Lennon a la BBC Radio 1 justamente dos días antes de su muerte. En el audio se escucha a Lennon respondiendo al periodista Andy Peebles sobre el hecho de que se hubiera marchado del Reino Unido para fijar su residencia en Estados Unidos: «As Churchill said, it's every Englishman's inalienable right to live where the hell he likes. What's it going to do, vanish? Is it not going to be there when I get back?» («Como dijo Churchill, es el derecho inalienable de cada inglés vivir donde quiera. ¿Qué hará? ¿Desaparecer? ¿No estará allí cuando vuelva?»). Lo que no podía imaginar Lennon cuando dijo aquellas palabras es que 48 horas más tarde cuatro disparos mortales harían que no pudiera volver nunca más.

BORN ALONE
Wilco

Nace la poeta Emily Dickinson
(10 de diciembre de 1830)

Emily Dickinson está considerada como una de las más importantes poetas americanas de todos los tiempos. Nacida en Amherst, Massachusetts, en 1830, sus versos apasionados ha colocado a Dickinson en el selecto panteón de los llamados poetas fundamentales estadounidenses junto a autores como Edgar Allan Poe, Ralph Waldo Emerson o Walt Whitman. Aunque su obra fue muy prolífica, durante su vida no se llegó a publicar ni una docena de sus casi 1800 poemas y la mayoría de ellos fueron alterados significativamente por los editores para adaptarlos a las convenciones líricas de la época. Su entorno más íntimo sabía de su vasta obra, pero no fue hasta después de su muerte, en 1886, cuando su hermana pequeña descubrió los poemas que guardaba y consiguió que poco a poco se publicaran, dando a conocer así su amplia y valiosa obra.

El proceso creativo a menudo es un camino con tantas bifurcaciones como artistas que lo recorren. Por eso no es de extrañar que, a veces, de mecanismos aleatorios surjan resultados sorprendentes. Es el caso de la fórmula que el líder de Wilco utilizó para componer la letra de «Born Alone», de uno de los temas referentes de esta formación de rock alternativo formada a mediados de los noventa en Chicago. Los *riffs*, la melodía y la progresión de los acordes se le ocurrieron durante unas vacaciones en México, donde había viajado para pasar el fin de año. Pensando que podía servirle más adelante, grabó aquellos fragmentos en el móvil y unos meses más tarde, mientras preparaba nuevos temas para el nuevo disco de la banda en su casa de Michigan recuperó aquel material. La música era una buena base pero había que ponerle letra y, sin una temática clara sobre la que escribir, decidió buscar ayuda entre los clásicos.

Tweedy se acercó a la librería, cogió una recopilación de poesía americana y hojeando las páginas del volumen que tenía entre las manos fue a parar a una sección de poemas de Emily Dickinson. Los versos apasionados de esta autora que destacó como una de las plumas referentes de medios del S.XIX captaron su atención. Poco a poco, aquella colección aleatoria de sustantivos, verbos y adjetivos prestados de Dickinson fueron formando versos. Y con algunos ajustes para hacerlos encajar en la métrica de la melodía que ya tenía bastante clara en la cabeza, cerró la letra definitiva de «Born Alone».

En una entrevista, Tweedy confesó que, al interpretarla durante la sesión de grabación, la frase final «I was born to die alone» («nací para morir solo») le pareció que era una de las cosas más terribles que se podían cantar pero que a la vez también contenía un mensaje desafiante. Esta ambigüedad en la letra le pareció fascinante y consideró que merecía que fuera acompañada de algún elemento que la destacara. Así que propuso acabar «Born Alone» utilizando un recurso musical para buscar el mismo efecto. Y para ello recurrieron a lo que se conoce como el tono de Shepard, una ilusión auditiva creada por el científico cognitivo Roger Shepard y que a partir de un sonido complejo generado electrónicamente crea una escala musical que logra engañar al cerebro, haciéndole creer que está subiendo y bajando continuamente cuando en realidad no lo está haciendo. Este es un recurso utilizado por algunos cineastas en sus bandas sonoras (Christopher Nolan es uno de ellos) y que Pink Floyd ya utilizó a principios de los setenta en «Echoes» cuando en los últimos segundos del tema se puede escuchar una escala de Shepard mezclada para crear el efecto de un ascenso continuo, emergiendo y desvaneciéndose entre los sonidos de la guitarra de David Gilmour.

Olga Suanya

CHIQUITITA
ABBA

Se funda UNICEF
(11 de diciembre de 1946)

El once de diciembre de 1946, en la segunda sesión de la Asamblea General de las Naciones Unidas (ONU), se creó un fondo especial para dar ayuda de emergencia a los niños y niñas víctimas de la Segunda Guerra Mundial. Se bautizó como United Nations International Children's Emergency Fund y poco a poco fue ampliando la cobertura de su programa a niños de otras zonas del planeta, hasta que en 1953 se convirtió en un órgano permanente dentro de la ONU. Desde entonces y bajo el acrónimo de UNICEF ha sido la organización mundial encargada de proteger a los menores de todo el mundo. Actualmente, tiene presencia en más de 190 países y territorios donde desarrolla tareas centradas en cinco grandes áreas de trabajo: la supervivencia y el desarrollo infantil, la educación y la igualdad de género, la infancia y el VIH/Sida, la protección infantil y la promoción de políticas y alianzas.

A finales de 1978 los hermanos Gibb, el productor musical Robert Stigwood y el presentador británico David Frost gestaron un concierto para celebrar el Año Internacional del Niño proclamado para conmemorar el vigésimo aniversario de la Declaración de los Derechos de la Infancia y recordar a todos el compromiso de protegerlos. «A Gift of Song» el nombre que se dio a ese proyecto se concibió como un concierto benéfico y contó con la colaboración de diferentes artistas de la época. La idea inicial era que fuera un espectáculo de gran repercusión que se pudiera replicar anualmente, pero finalmente esto no se produjo y, aunque tuvo un gran éxito, no se organizaron ediciones posteriores.

El concierto se celebró en Nueva York el 9 de enero de 1979 y fue retransmitido al día siguiente en más de setenta países. Fue un evento solidario sin precedentes y contó con nombres tan relevantes como Rod Stewart, Earth, Wind & Fire, Donna Summer, Olivia Newton-John o los mismos Bee Gees, pero la actuación estelar corrió a cargo de ABBA, que eligió aquella ocasión para estrenar un tema hecho para la ocasión: «Chiquitita».

Cuando la organización invitó a la banda sueca a participar en el concierto ofreciendo una canción el cuarteto se encontraba de gira. Pero tan pronto como volvieron a Estocolmo pusieron a trabajar en un tema que pudiera encajar en el contexto de aquella encomiable iniciativa. El resultado fue una pieza, escrita por Benny Anderson y Björn Ulvaeus, la pareja masculina de la banda sueca, que relata la historia de alguien que intenta consolar a una niña que por alguna razón está muy triste. La presentación de «Chiquitita» en aquel concierto consiguió un enorme éxito y también una gran recaudación, ya que el grupo dio a UNICEF la mayor parte de los beneficios de los derechos de autor generados por el tema. De hecho, a lo largo de las últimas cuatro décadas, ha generado más de un millón y medio de dólares, que se han destinado a programas impulsados por la entidad para financiar proyectos de los que se han beneficiado niños de todo el mundo.

En pocas semanas, «Chiquitita» se convirtió en número uno en muchos países pero donde consiguió unas cifras más espectaculares fue en Latinoamérica, donde todavía hoy el tema sigue siendo el sencillo más vendido de toda la historia. Recientemente, con motivo de la pandemia por Coronavirus, la canción volvió a convertirse en un instrumento de solidaridad de la mano de la veterana Cher, que la versionó en mayo de 2020 en un videoclip para recaudar fondos para ayudar a las víctimas de esta enfermedad.

SEPTEMBER
Earth, Wind and Fire

Nace el escritor Og Mandino
(12 de diciembre de 1923)

Ensayista y psicólogo, Og Mandino está considerado como uno de lo mayores especialistas mundiales de la escritura de libros de autoayuda. Su obra más destacada, El vendedor más grande del mundo, *es un superventas traducido a varios idiomas y del que se han vendido cerca de 50 millones de copias.*

A principios de los setenta surgía en Chicago Earth, Wind & Fire, una de las bandas que consiguió llenar las pistas de las discotecas de jóvenes moviéndose al ritmo de sus canciones pegadizas. Fundada por Maurice White e integrada por un multitudinario grupo de músicos que ha ido variando a lo largo del tiempo, es una de las formaciones de donde han salido algunos de los temas más bailados de la década. De su fusión de disco, pop, funk, jazz, soul, góspel, blues y ritmos africanos, acompañada de una puesta en escena muy vistosa inspirada en el imaginario de la mitología egipcia, salieron auténticos hits. «September» es uno de los más exitosos.

El vocalista del grupo comentó recientemente en una entrevista que nunca hubiera imaginado que una canción tan simple se convertiría en un hit mundial que aguantaría tan bien el paso del tiempo. Su melodía acompasada y de estribillo fácil interpretada por el reconocido falsete de Phillip Bailey resultó ser una fórmula exitosa para este tema escrito por Maurice White con la ayuda del guitarrista All McKay y de la compositora Alle Willis en 1978.

White estaba fascinado por la metafísica y este interés se percibía en sus composiciones, muy influidas por las filosofías orientales y con una extraordinaria carga de actitud positiva ante la vida. Cuando no estaba componiendo o de gira, se sumergía en esta temática tanto como podía y no sólo se dedicaba a cultivar su mente, sino que siempre que podía intentaba contagiar esta pasión a las personas que le rodeaban recomendándoles sus lecturas de cabecera. Y eso es lo que hizo cuando conoció a Alle Willis, sugiriéndole que se adentrara en las páginas de *El vendedor más grande del mundo*. Este *best seller* del escritor de origen italiano Og Mandino es una guía clásica de la filosofía explicada a través de la historia de un vendedor de camellos.

La letrista, que se consideraba una persona poco espiritual, devoró el libro y, lo que se había tomado como un sencillo ejercicio lector, se convirtió en una experiencia completa que la animó a descubrir otras obras relacionadas con aquella temática. A Willis todo aquel pensamiento no sólo le hizo cambiar la forma de ver la vida, sino que le serviría de inspiración para escribir unos versos cargados de energía positiva, paz y amor y que acabarían convirtiéndose en la letra de «September», la primera canción que le encargó Earth, Wind & Fire.

Mientras ella se peleaba con todos los folios en los que había ido anotando las ideas que le había sugerido el libro de Mandino, White comenzó a trabajar con McKay en algunas melodías. Y cuando al cabo de unos días se encontraron los tres para poner en común lo que tenían, las piezas del puzzle encajaron a la perfección. Sobre la letra, Maurice White sólo hizo dos aportaciones: el 21 de septiembre que se cita al inicio de la canción y el «Ba-dee-ya» que se repite a lo largo del estribillo. Y, curiosamente, en una canción nacida en un contexto tan profundo como ésta, ninguna de las dos tiene un sentido trascendental. La primera, explica la autora, es una fecha aleatoria. De hecho, la que mejor les encajó en la métrica musical. La segunda, una invención de Maurice White que, a pesar de la negativa inicial de Willis a incluirla, finalmente quedó como elemento clave de los coros.

WHISKEY IN THE JAR
Thin Lizzy

Oliver Cromwell es nombrado Lord Protector de la Commonwealth
(16 de diciembre de 1653)

Nacido en Inglaterra en 1599, este político y militar convirtió Inglaterra en una república mancomunada bautizada como Commonwealth of England. Su carrera está llena de contradicciones. Sus admiradores lo presentan como un líder estabilizador y con sentido de Estado, que se ganó el respeto internacional, derrocó la tiranía y promovió la república. Sus críticos lo consideran un hipócrita ambicioso que traicionó la libertad y mostró poco respeto por las tradiciones del país. Cuando se restauró la monarquía, su cadáver fue desenterrado, decapitado y su cabeza expuesta al escarnio público.

En una escena de *The Commitments*, el protagonista, un joven de un barrio obrero del Dublín de los ochenta que está loco por el *soul*, intenta convencer a sus amigos para formar su propia banda mientras miran boquiabiertos una actuación de James Brown por la tele. Sus compañeros ven complicado que sin ser de color tengan ninguna opción, pero él les suelta la frase definitiva: «Los irlandeses son los negros de Europa. Y los dublineses son los negros de Irlanda. Y los Dubliners de Northside son los negros de Dublín. Así que decidlo una vez y en voz alta: ¡soy negro y estoy orgulloso!». La película de Alan Parker no hace ninguna referencia explícita a Thin Lizzy. Pero con este diálogo en cierto modo se recordaba al líder de este grupo de rock formado en Dublín a finales de los sesenta liderado por el irlandés de raíces guyanesas Phil Lynott. Si un negro como Lynott había podido encabezar una banda de blancos, ¿por qué ellos no podían formar un grupo de música negra?

Phillip Lynott no llegó a conocer a su padre, que volvió a África cuando él apenas era un bebé. Así que se crió bajo la influencia del fuerte arraigo irlandés de su familia materna, de quien adoptó el apellido. Desde pequeño le atraía mucho la cultura celta y la historia de resistencia del pueblo irlandés ante siglos de injusticia, así que cuando formó Thin Lizzy, uno de los primeros temas que quiso hacer fue una versión de «Whiskey in the Jar», una canción popular inspirada en la vida de un bandolero.

La historia de «Whiskey in the Jar» tiene diferentes versiones. Pero todas ellas apuntan que fue escrita en el siglo XVII durante uno de los episodios más oscuros del pasado irlandés: la invasión de Oliver Cromwell. Este político y militar inglés lideró la última colonización del país y lo incorporó a la Commonwealth of England, la república en que convirtió Inglaterra y que fue vigente entre 1649 y 1660. Durante ese período proliferaron los personajes que intentaban buscarse la vida al margen de las leyes que impusieron los ingleses y «Whiskey in the Jar» cuenta la vida de uno de ellos. Originariamente era una canción popular llamada «The Highwayman and the Captain» y que relata en primera persona la historia de un bandido que es traicionado por su mujer.

En 1967 la banda irlandesa The Beasley Brothers reescribió la letra de «The Highwayman and the Captain» y la rebautizó como «Whiskey in the Jar», incorporando también una nueva melodía. El tema no tuvo demasiada repercusión, pero captó la atención del grupo de folk The Dubliners, que la grabó al cabo de un par de años, convirtiéndola en un tema bastante popular. La versión de rock que hizo Thin Lizzy a principios de los setenta dio una nueva dimensión al tema y la convirtió en una pieza que más tarde versionarían otros grupos a lo largo del tiempo y en diferentes estilos como Metallica, The Pogues o Belle and Sebastian.

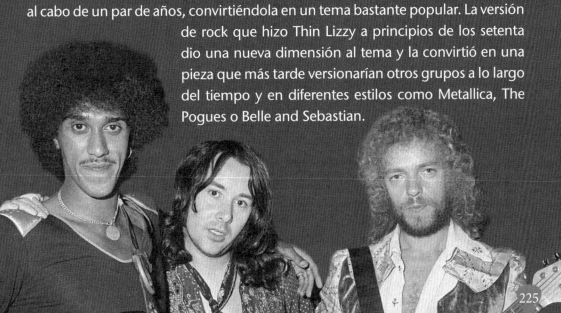

Olga Suanya

AMAZING GRACE
Mahalia Jackson

Muere el autor inglés John Newton
(21 de diciembre de 1807)

John Newton nació en 1725 en una familia acomodada de Londres y desde pequeño su vida transcurrió en el mar. Su padre era capitán de la marina mercante y el pequeño John con once años comenzó a acompañarlo en sus viajes.

En esos años de juventud, Newton destacó por los abusos y el maltrato que infligía tanto a sus compañeros como a los esclavos con los que comerciaba. Pero su existencia dio un vuelco el día que en uno de sus viajes le sorprendió una tormenta que hizo naufragar el barco en el que viajaba. Newton despertó a medianoche a la deriva y, en medio de la desesperación, no vio otra salida que encomendarse a Dios. Milagrosamente pudo salvarse y desde ese momento, en agradecimiento a lo que consideró una intervención divina, reorientó su vida. Dejó el juego, la bebida y la blasfemia y, poco a poco, fue compadeciéndose de las personas con las que comerciaba hasta que terminó retirándose del negocio de esclavos y convirtiéndose en pastor protestante.

«Amazing Grace» es uno de los himnos religiosos más relevante de todos los tiempos. Es una canción con la que se invoca a la esperanza en los peores momentos que puede vivir un ser humano, como es afrontar la muerte de los seres queridos. Y es un tema con una significación especial para la comunidad negra de Estados Unidos, ya que expresa también la superación de todos los agravios sufridos a lo largo de su historia y que ha sido cantado por varios artistas. El origen de la pieza sin embargo no tiene nada que ver con su status actual. Y lo que es más curioso todavía es que fue escrita por John Newton, un autor inglés blanco que había sido traficante de esclavos.

Tras años dedicado a esta actividad, un naufragio del que salvó la vida de milagro hizo que se recluyera en sí mismo y se dedicara a reflexionar sobre su vida anterior, unas disquisiciones que recogió en el folleto *Pensamientos sobre la trata de esclavos*, en el que describía las terribles condiciones de los barcos negreros. Fue su manera de pedir perdón por todos los errores de juventud y de poner el foco en esta indigna actividad comercial que desde ese momento se dedicó a combatir. En aquella época escribió también varios cánticos de componente religiosa y que publicó en un volumen titulado *Olney Hymns*. Las composiciones de esta obra se hicieron bastante populares tanto en las congregaciones religiosas de Inglaterra como de Estados Unidos, pero de todas ellas la que más arraigó fue «Amazing Grace».

La primera grabación de la que se tiene constancia es la que realizó el grupo coral Sacred Harp en 1922, pero quien marcó un antes y un después en la historia de este tema fue Mahalia Jackson en 1947. Conocida como La reina del góspel, esta cantante de Nueva Orleans fue quien, poniendo sentimiento a cada verso, le dio el tono que ha influido en todas las versiones que se han hecho posteriormente. El éxito del *single* de Jackson estableció «Amazing Grace» como un referente discográfico y radiofónico que poco a poco salió también de las iglesias y que en los años sesenta, interpretado por todo tipo de artistas, terminó convirtiéndose en uno de los himnos del movimiento de los Derechos Civiles.

Entrada la década de los setenta, «Amazing Grace» se convirtió en una de las canciones imprescindibles del repertorio de Aretha Franklin, quien la cantaría hasta el final de sus días en diferentes actuaciones. Desde entonces, artistas como Sam Cooke, Johnny Cash, Elvis Presley, o The Lemonheads han grabado sus particulares versiones.

FORTUNATE SON
The Creedence Clearwater Revival

Se celebra la boda de David Eisenhower y Julie Nixon
(22 de diciembre de 1968)

El 22 de diciembre de 1968 una boda unió a dos de las familias políticas más poderosas de Estados Unidos. La novia, Julie Nixon, hija del entonces candidato a presidente de los Estados Unidos. El novio, David Eisenhower, nieto del expresidente Dwight Eisenhower. A pesar de que el padre de la novia podía convertirse en menos de un mes (como finalmente pasó) en el nuevo líder del país, la pareja estaba decidida a mantener la ceremonia en privado. Así que decidió celebrarla en una iglesia de Nueva York y antes de las elecciones.

A finales de los sesenta, tras más de una década de envío de tropas a la Guerra de Vietnam, la opinión pública de los Estados Unidos cada vez entendía menos qué hacían sus soldados muriendo en un rincón del sudeste asiático que muchos de ellos no sabían ni situar en un mapa. Aquel sentimiento que compartían muchos jóvenes encontró en la música un altavoz que expresaba su rechazo a la participación americana en el conflicto. Y en este contexto, la Creedence Clearwater Revival fue una de las bandas que mejor supo recogerlo. La formación liderada por John Fogerty compuso varios temas que abordaban la oposición a la guerra. Pero de todos ellos, «Fortunate Son» sería el que se convertiría en uno de los temas más representativos de aquel movimiento antibélico que empezaba a arraigar en el país.

«Fortunate Son» se publicó en 1968 dentro del cuarto álbum de la banda, un trabajo titulado *Willy and the poor boys* que supuso la consolidación de esta influyente formación californiana. La canción está escrita desde el punto de vista de uno de los miles de jóvenes norteamericanos que en cualquier momento podía ser enviado a combatir en Vietnam. Pero pone también el foco en todos aquellos

chicos que por su condición social privilegiada esquivaban aquella situación. Y es que en la letra de «Fortunate Son», el protagonista de la canción se lamenta explícitamente de no tener la suerte de ser el hijo de un millonario, un militar o un senador para poder librarse de ser reclutado.

«It ain't me, I ain't no senator's son, I ain't no fortunate one» («No soy yo, no soy el hijo de un senador, no soy un afortunado») rezaba la canción en su repetitivo estribillo. ¿Pero en quién pensaba John Fogerty cuando escribió estos versos? Pues en David Eisenhower, el nieto del ex presidente Dwight Eisenhower y que justamente en aquellas fechas había anunciado su compromiso con Julie Nixon, la hija del entonces actual jefe de la Casa Blanca, Richard Nixon. Aquél sí que era un joven afortunado, y por partida doble, que seguro que no sería llamado a filas gracias al peso y la influencia de las dos familias políticas que le avalaban. Y esa realidad hizo que Fogerty lo cogiera como referente para construir el personaje del 'hijo afortunado' a que se refiere la canción. Con él, los miembros de la Creedence Clearwater Revival, además de manifestar su rechazo a la guerra, también criticaban la estructura social americana, poniendo en evidencia la hipocresía que se escondía detrás de la política exterior del gobierno estadounidense de aquellos años.

Olga Suanya

ALL TOGETHER NOW
The Farm

Se produce la Tregua de Navidad
(24 de diciembre de 1914)

El 24 de diciembre de 1914, seis meses después del estallido de la Primera Guerra Mundial, las tropas alemanas y británicas que estaban apostadas en el frente occidental iniciaron un breve alto el fuego no oficial. Todo comenzó cuando los soldados germanos decoraron sus trincheras y comenzaron a cantar «Stille Nacht» («Noche de Paz»). Los aliados, al oírles respondieron con la misma canción en inglés. Y al cabo de un rato unos y otros salieron de sus posiciones para encontrarse a medio camino, en tierra de nadie, donde intercambiaron whisky, tabaco y chocolatinas e incluso jugaron un improvisado partido de fútbol.

El episodio fue protagonizado por los soldados británicos y alemanes la Nochebuena de 1914, en que los miembros de dos ejércitos enfrentados fueron capaces de dejar las armas por unas horas y celebrar una fecha tan señalada se conoce como la 'Tregua de Navidad'. Y aunque los superiores de ambos bandos se encargaron de intentar borrar las pruebas de aquella excepcionalidad ocurrida en el campo de batalla, los relatos personales que llegaron por carta a los familiares de aquellos combatientes y alguna fotografía que se pudo salvar ha hecho llegar la historia hasta nuestros días.

Casi ochenta años más tarde la banda británica The Farm quiso recordar aquella Nochebuena con un tema que sin duda se ha convertido en el más famoso de esta formación de Liverpool. Una composición que, tal y como la definía el vocalista del grupo Peter Hooton, es «una canción sobre la unidad y la humanidad». En un inicio la titularon «No Man's Land» («Tierra de nadie»), por el espacio donde tuvo lugar la celebración. Pero posteriormente fue rebautizada como «All

Together Now», haciendo referencia al grito que los oficiales británicos utilizaban para arengar a sus tropas antes de salir de las trincheras («¡Todos juntos ahora!»).

El homenaje a un gesto tan loable como aquel y la fórmula musical infalible del Canon en Re Mayor de Pachelbel convirtieron el lanzamiento de «All Together Now» en todo un éxito a principios de la década de los noventa. La popularidad de The Farm quedó consagrada a este único tema y lo que han hecho desde entonces ha pasado desapercibido a nivel comercial. Pero en los

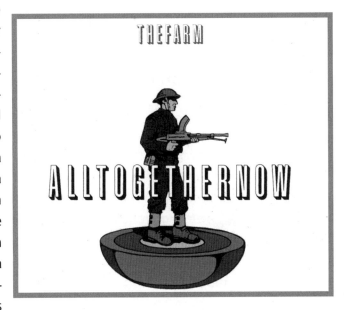

últimos treinta años la canción que los puso en el mapa musical continuó su recorrido y actualmente es uno de los himnos coreados en la liga de fútbol inglesa. Su mensaje de unidad trasladado a la comunión entre jugadores y afición sirvió para animar al Everton en la final de la Copa de la UEFA de 1995 y la selección inglesa de la Eurocopa celebrada en Portugal en 2004. Los soldados que se enfrentaron deportivamente aquella Nochebuena de 1914, en un improvisado terreno de juego entre trincheras y con porterías marcadas con cascos, poco se podían imaginar que su hazaña inspiraría décadas más tarde un himno futbolístico que sería coreado por miles de personas.

Olga Suanya

ACROSS THE UNIVERSE
The Beatles

Se produce un tsunami devastador en el Océano Índico
(26 de diciembre de 2004)

Pocos minutos antes de las ocho de la mañana del 26 de diciembre de 2004 un potente terremoto submarino de fuerza 9.0 en la escala de Richter generó en las costas occidentales de Sumatra un gran tsunami. Las réplicas sísmicas se extendieron más de 1.000 kilómetros al norte del epicentro e impactó de forma devastadora en las costas de Indonesia, Sri Lanka, parte de la India y Tailandia. Las olas de hasta 30 metros de ese día arrasaron todo lo que encontraron en su camino y se llevaron la vida de más de 200.000 personas de un total de 14 países.

La situación de emergencia creada por el tsunami que asoló las costas de varios países del Océano Índico generó una respuesta inmediata desde diferentes puntos del planeta. Gobiernos, organizaciones humanitarias y otras entidades se activaron para ofrecer su ayuda en una movilización con la que se llegaron a recaudar más de siete millones de dólares para atender a todos los afectados y paliar las consecuencias del tsunami. En los meses siguientes, se pusieron en marcha un gran número de acciones para recoger fondos y la comunidad artística, como ya es habitual en este tipo de situaciones, puso su talento y su fama a disposición de la causa con diferentes iniciativas. Una de ellas fue la grabación por parte de varios músicos de la canción de los Beatles «Across the Universe» con fines solidarios.

El tema se presentó durante la 47ª edición de los premios Grammy con una actuación en directo un mes y medio después de la catástrofe. Bono, Norah Jones, Alicia Keys, Stevie Wonder, Steven Tyler y Slash, entre otros subieron al escenario del Staples Center de Los Ángeles como estreno del lanzamiento de la grabación. La pieza se colgó en la plataforma iTunes Music Stores de Apple por 99 centavos y todos los beneficios de las descargas se destinaron a ayudar a las víctimas del tsunami.

Esta no era la primera vez que «Across the Universe» se utilizaba con un objetivo solidario. El cuarteto de Liverpool la había grabado en los estudios Abbey Road a principios de 1968 pero la canción permaneció inédita hasta diciembre de 1969, en que se incluyó dentro del álbum benéfico *No one's gonna change our world* editado por el Fondo Mundial para en la Naturaleza (WWF por sus siglas en inglés).

El tema lo compuso John Lennon tras una discusión conyugal con su primera mujer, Cynthia Powell. El músico estaba enfadado y por no continuar con la pelea decidió bajar al piso de abajo y tratar de calmarse componiendo una canción. Con ese estado de ánimo le hubiera podido salir un tema irritado, pero el músico fue capaz de encontrar serenidad en la inspiración que lo guió y el resultado fue un tema cósmico, lleno de imágenes sugerentes. Arrancaba con un mantra hindú que le había enseñado su amigo George Harrison («Jai guru deva om») y repetía en su estribillo «Nada cambiará mi mundo». Lennon consideraba «Across the Universe» una de sus canciones favoritas y uno de sus mejores temas.

En febrero de 2008, con motivo del 40 aniversario de la canción y el 50 aniversario de la NASA, la agencia espacial americana transmitió «Across The Universe» en dirección a la estrella polar, situada a más de 430 años luz de la Tierra. Desde entonces, además de sonar en millones de reproductores en la Tierra, la canción viaja también literalmente a través del Universo.

Playlist Spotify:

Si quiere escuchar las canciones que aparecen en este libro, aquí tiene un link que le conducirá a ellas:

https://open.spotify.com/playlist/3H3lVTlrmB7pFyoSLr8zvd?si=w-jrY_PazQwKl1YCQDoGgZQ&nd=1

SOBRE EL BLOG CHELSEA HOTEL

El blog (https://chelseahotel.blog/) ha tenido un éxito notable de seguidores y crítica desde el mismo momento de su creación. Este libro ha nacido al amparo de las historias que allí se exponen, seleccionando y ampliando buena parte de sus escritos para llegar así a un público más amplio que pueda conocer ese hilo invisible que conecta algunas canciones con hechos históricos que aparentemente nada tienen que ver con ellas.

* * *

Los hoteles seguramente son los espacios que más secretos guardan. Y de entre todos, el Chelsea Hotel de Nueva York debe ser uno de los que más historias podría contar.

Construido en 1883 en un imponente edificio victoriano de ladrillos rojos que hasta el 1902 fue el más alto de la ciudad, el Chelsea es un hotel de doce plantas y 250 habitaciones. El Chelsea Hotel fue el símbolo de toda una época. En su libro de registro figuran nombres legendarios. Andy Warhol, Arthur Miller, David Bowie, Tenesse Williams, Jackson Pollock, Keith Richards, Humphrey Bogart, John Lennon o Edith Piaf son sólo algunos de los huéspedes célebres que se alojaron en él. Entre sus paredes escribían, componían y creaban en un ambiente bohemio donde no faltaban las drogas y el alcohol. Algunos se hospedaban en el Chelsea por unos días. Otros, semanas enteras. E incluso hubo quienes vivieron en el hotel durante años.

Todo este entramado de historias, además de otras que debieron suceder pero que no han salido a la luz, forjaron su leyenda, hasta que en mayo de 2011 el hotel fue comprado por una promotora inmobiliaria. El primero de agosto de ese año, el nuevo propietario canceló todas las reservas y suspendió la actividad del hotel temporalmente para iniciar una renovación que hoy aún no ha terminado. Así pues, las puertas del Chelsea Hotel por ahora están cerradas pero su recuerdo sigue vivo.

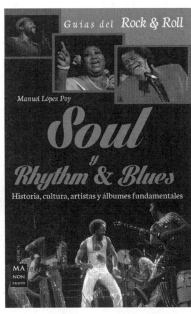

Guías del Rock & Roll

Indie & rock alternativo - Carlos Pérez de Ziriza
Country Rock - Eduardo Izquierdo
Soul y rhythm & blues - Manuel López Poy
Heavy Metal - Andrés López
Rockabilly - Manuel López Poy
Hard Rock - Andrés López
Dance Electronic Music - Manu González
Rockeras - Anabel Vélez
Reggae - Andrés López
Rock progresivo - Eloy Pérez Ladaga
El Punk - Eduardo Izquierdo y Eloy Pérez Ladaga
Musica Disco - Carlos Pérez de Ziriza
Leyendas urbanas del rock - José Luis Martín
Más leyendas urbanas del rock - José Luis Martín
Historias del Heavy Metal - Eloy Pérez Ladaga
El lado oscuro del rock - José Luis Martín

Mitos del Rock & Roll

Bob Dylan - Manuel López Poy
Pink Floyd - Manuel López Poy
Queen & Freddie Mercury - José Luis Martín
Iron Maiden - Andrés López
Jim Morrison & The Doors - Eduardo Izquierdo
Kiss - Eloy Pérez Ladaga
Elton John - José Luis Martín
Aerosmith - Eduardo Izquierdo
Black Sabbath - César Muela

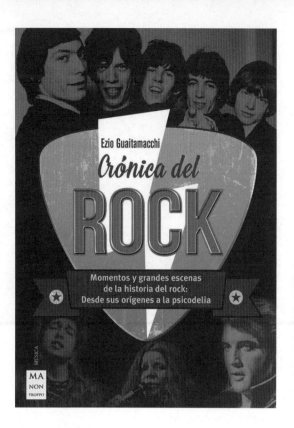

Ezio Guaitamacchi

Crónica del

ROCK

Momentos y grandes escenas
de la historia del rock:
Desde sus orígenes a la psicodelia

MA
NON
TROPPO

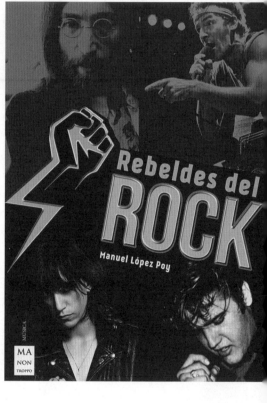

Rebeldes del

ROCK

Manuel López Poy

MA
NON
TROPPO

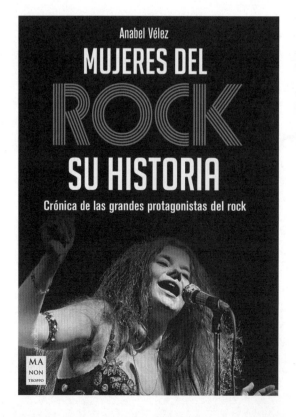

Anabel Vélez

MUJERES DEL

ROCK

SU HISTORIA

Crónica de las grandes protagonistas del rock

MA
NON
TROPPO

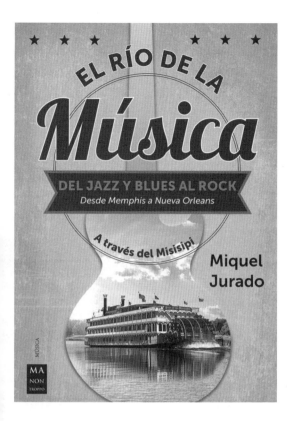

EL RÍO DE LA

Música

DEL JAZZ Y BLUES AL ROCK
Desde Memphis a Nueva Orleans

A través del Misisipi

Miquel
Jurado

MÚSICA

MA
NON
TROPPO

EZIO GUAITAMACCHI

Nuevas
Rutas del

Rock

Viaje por los lugares
de la música

☆

Del sueño californiano al latido irlandés

LOOK

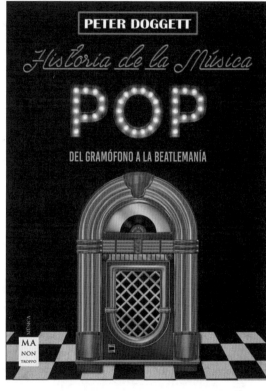

PETER DOGGETT

Historia de la Música

POP

DEL GRAMÓFONO A LA BEATLEMANÍA

MÚSICA

MA
NON
TROPPO